PRINCIPES ÉLÉMENTAIRES

DE

LA LANGUE FRANÇOISE;

PAR

J.-B. PONCHIER,

PROFESSEUR DE LANGUE FRANÇOISE:

NOUVELLE ÉDITION,

REVUE, CORRIGÉE ET AUGMENTÉE PAR L'AUTEUR.

La science est une fleur dès qu'on la rend facile.

A NANTES,

DE L'IMPRIMERIE DE VICTOR MANGIN,

RUE DE LA FOSSE, VIS-A-VIS LA BOURSE, N.º 28.

1810.

Cet Ouvrage se trouve, à Nantes,

Chez
{
BAUDIN, pont Sauvetout, n.º 10.
FOREST, près la Bourse.
SICARD, rue Crébillon, n.º 18.
L'AUTEUR, rue Piron.
}

On trouve aussi, chez les mêmes, un ABRÉGÉ D'ARITHMÉTIQUE, par le même Auteur.

PRÉFACE.

LE BUT d'un ouvrage élémentaire est d'exposer, de la manière la plus claire et la plus intelligible, les principes de l'art que l'on se propose de traiter. C'est à quoi j'ai cru devoir sur-tout m'attacher.

Je me suis servi, à-peu-près, des mêmes expressions que la Grammaire latine; parce que la langue latine sert souvent de base et de terme de comparaison à toutes les langues vivantes : et, pour exprimer ses différens cas, j'ai indiqué les divers emplois des articles, je les ai distingués entre eux; car, dans les citations suivantes, *de* ne présente pas le même sens, *de Paris à Lyon; je n'ai point de belles fleurs ; le livre de Pierre*; et dans celle-ci : *la porte; la* et *porte* changent de signification, quand je dis *je la porte.*

J'ai parlé des figures et des termes de Grammaire, parce qu'ils sont nécessaires pour rendre raison de différentes constructions de la langue françoise.

J'ai recueilli, dans un même chapitre, les principales difficultés de la langue françoise, qui ne paroissent encore assujetties à aucune règle ; enfin, j'ai terminé cet ouvrage par un exposé des principales règles de la versification.

J'ai suivi en tout l'Académie, c'est mon autorité favorite ; et je pense qu'elle doit être regardée comme seule compétente, dans les diverses questions relatives à l'orthographe et à la langue. Heureux, cent fois heureux, si ce petit ouvrage devient utile à ceux qui veulent apprendre la langue françoise, à la jeunesse sur-tout, et s'il peut mériter l'approbation des gens de lettres !

PRINCIPES ÉLÉMENTAIRES

DE

LA LANGUE FRANÇOISE.

INTRODUCTION.

La Grammaire est l'art qui enseigne les principes d'une langue, pour apprendre à la parler et à l'écrire correctement.

Une Grammaire est le livre où sont renfermés les préceptes d'une langue.

Parler, c'est communiquer aux autres sa pensée, par des sons articulés, que l'on appelle *mots* :

Écrire, c'est la communiquer, par le moyen de caractères qui présentent aux yeux les mots.

Chaque mot est composé d'une ou de plusieurs lettres, qui forment un son, que l'on articule ou que l'on écrit.

Ces lettres sont *a*, *b*, *c*, *d*, *e*, *f*, *g*, *h*, *i*, *j*, *k*, *l*, *m*, *n*, *o*, *p*, *q*, *r*, *s*, *t*, *u*, *v*, *x*, *y*, *z* : on divise ces lettres en voyelles et en consonnes.

On appelle voyelles, les lettres qui forment un son, sans le secours d'aucune autre ; ainsi, *a*, *e*, *i*, *o*, *u*, *y*, sont des voyelles ; parce que chaque lettre forme un son, sans le secours d'aucune autre.

On appelle consonnes , les lettres que l'on ne saurait prononcer sans le secours d'une autre : ainsi , *b* , *c* , *d* , *f* , *g* , *h* , *j* ; *k* , *l* ; *m* , *n* , *p* , *q* , *r* , *s* , *t* , *v* , *x* , *z* , sont des consonnes ; parce que chaque lettre ne forme un son qu'avec le secours d'une autre lettre : on prononce *bé* , *cé* , ou *be* , *ce* , &c.

L'*y* est une voyelle qui a le son de deux *ii* , quand il est placé immédiatement après une voyelle : comme dans *pays* , *moyen* , &c. , qui se prononcent comme s'il y avait *pai-is* , *moi-ien* , &c.

Partout ailleurs , il n'a pas d'autre valeur que celle de l'*i* : comme dans *acolyte* , *mystère* , *il y a*.

L'*h* est ou *aspirée* ou *muette*.

L'*h* aspirée est celle qui fait prononcer, du gosier, la voyelle qui suit, comme dans ces mots : le *hameau* , la *haine* , &c.

L'*h* muette est celle qui n'ajoute rien à la prononciation de la voyelle qui suit, comme dans ces mots : l'*homme* , l'*honneur*.

REMARQUE. L'*h* est aspirée dans *héros* ; mais elle n'est point aspirée dans *héroïsme* , *héroïne* , *héroïque* , *héroïcité*.

Chaque lettre ne doit avoir qu'un son ; si elle en a plusieurs, il faut recourir aux accens.

Ces accens sont l'*aigu* , le *grave* , le *circonflexe* , le *tréma* et la *cédille*.

Les accens marquent donc le son , ou l'inflexion de voix que l'on doit donner aux lettres qu'ils accompagnent.

Les accens sont de petits traits , que l'on place au-dessus ou au-dessous des lettres, qu'ils modifient.

L'accent *aigu* est ce petit trait (´) tracé de droite a gauche ; il marque que l'on doit prononcer la voyelle qu'il accompagne, la bouche presque fermée; comme dans ces mots: *dé*, *cité*. Il se met sur l'*e* seulement.

L'accent *grave* est ce petit trait (`) tracé de gauche à droite; il marque que l'on doit prononcer la voyelle sur laquelle il est posé, en desserrant les dents, comme dans ces mots: *accès*, *succès*.

L'accent *circonflexe* est ce trait (^), formé de l'accent aigu et de l'accent grave réunis au sommet: il marque que l'on doit prolonger le son de la voyelle sur laquelle il est posé, comme dans ces mots : *âge*, *fête*, *gîte*, *hôte*, *flûte*.

De là, on distingue trois sortes d'*a*, le simple, le grave et le long :

L'*a* simple, comme dans *amour*, *ami*.

L'*a* grave, comme dans *allez-là*, *à Paris*.

L'*a* long, comme dans *âge*, *pâte*.

Il y a quatre sortes d'*e*: le muet, le fermé, l'ouvert et le long.

L'*e* muet, comme dans ces mots: *me*, *te*, *se*: on l'appelle muet, parce que le son en est sourd et peu sensible.

L'*e* fermé, comme à la fin de ces mots : *bonté*, *café*; on l'appelle fermé, parce qu'il se prononce la bouche presque fermée.

L'*e* ouvert, comme à la fin de ces mots : *accès*, *succès* ; on l'appelle ouvert, parce qu'il se prononce en desserrant les dents.

L'*e* ouvert long, comme dans ces mots : *même*, *fête*; il faut desserrer les dents, et prolonger le son de l'*e* accentué.

Remarques. L'*e* muet final a le son de l'*e* fermé: 1.º Quand il est suivi d'un *d*, le *pied*; on prononce le *pié*. 2.º Quand il est suivi de *z*, le *nez*, *vous aimez*; on prononce, le *né*, *vous aimé*. 3.º Quand il est suivi d'une *r*, qui ne se prononce point, le *boulanger*, l'*horloger*, *chanter*; on prononce le *boulangé*, l'*horlogé*, *chanté*. = L'*e* muet final a le son de l'*è* ouvert : 1.º Quand il est suivi d'une *r*, qui se prononce comme *amer*, la *mer*; on prononce *amèr*, la *mèr*. 2.º Quand il est suivi d'un *t*, comme *ballet*, *sonnet* ; on prononce *ballè*, *sonnè*. 3.º Dans les monosyllabes *mes*, *tes*, *ses*, *les*, *des*, *tu es*, *il est*, on prononce *mès*, *tès*, &c.

Il y a deux sortes d'*i*, le simple et le long :

L'*i* simple, comme dans ces mots : *nid*, *lit.*

L'*i* long, comme dans ces mots : *gite*, *abime.*

Il y a deux sortes d'*o*, le simple et le long :

L'*o* simple, comme dans ces mots : *mon*, *ton*, *son.*

L'*o* long, comme dans ces mots : *côte*, *hôte.*

Il y a deux sortes d'*u*, le simple et le long :

L'*u* simple, comme dans ces mots : *tu*, *vu.*

L'*u* long, comme dans ces mots : *bûche*, *flûte.*

On appelle *tréma*, ces deux points (··) placés au-dessus d'une voyelle; ils marquent que cette voyelle forme une syllabe, et qu'elle doit être prononcée séparément : comme dans *Noël*, *naïf*, *Saül*; on prononce *No-ël*, *na-if*, *Sa-ül.*

Ces deux points se mettent sur *ë*, *ï*, *ü*.

Le *c* prend le son du *k* devant *a*, *o*, *u*; pour lui donner le son de l'*s*, on met une cédille sous le *c*.

La cédille est cette petite marque (') en forme de *c*, tourné de droite à gauche, qu'on met sous le *ç* quand il précède un *a*, un *o* ou un *u*, pour le faire prononcer comme *s* : *façade*, *glaçon*, *reçu*; on prononce *fassade*, *glasson*, *ressu.*

Plusieurs voyelles ensemble ne doivent former qu'un son : si elles en forment plusieurs, il faut recourir aux accents.

(5)

Ainsi *ea* ont le son de l'*a* dans *tu jugeas*, *il jugea*, *nous jugeâmes*, *vous jugeâtes*, et dans d'autres mots semblables, précédés ou suivis des mots *tu*, *il*, *nous*, *vous*; on prononce *tu jujas*, &c. :

Ai ont le son de l'*e* muet dans *faisant*, *nous faisons*, *je faisois*, *tu faisois*, *il faisoit*, *nous faisions*, *vous faisiez*, *ils faisoient*; on prononce *fesant*, &c. :

Ai, *eai* ont celui de l'*é* fermé, dans *j'ai*, *je chantai*, *je mangeai*, et dans d'autres mots semblables, précédés ou suivis de *je*; on prononce *j'é*, *je chanté*, &c.

Mais *ai*, *eai* ont le son de l'*è* ouvert dans tous les autres mots, soit que les voyelles se trouvent au commencement, au milieu ou à la fin des mots; comme dans ceux - ci : *aimer*, *je hais*, *déman-geaison*, *Tournai*, *la haie*, &c.; on prononce *èmer*, *je hès*, &c.

Ei, *ey* ont aussi le son de l'*è* ouvert : *seigneur*, *bey*, *dey*; on prononce *sègneur*, &c.

Oi ont le son d'*oie*, oiseau domestique : 1.º Dans tous les monosyllabes : comme *moi*, *toi*, *soi*, *la foi*, &c. 2.º Dans les noms propres suivans : les *Chinois*, les *Suédois*, les *Danois*, les *Cartha-ginois*, les *Iroquois*, le *Nivernois*, l'*Angoumois*, l'*Autunois*, l'*Auxerrois*, *Comtois*, *Franc-Comtois*, le *Condomois*, le *Bazadois*, l'*Agenois*, *Charleroi*, *Fontenoi*, l'*Artois*, le *Vendômois*, le *Blaisois*, le *Gâtinois*, *Blois*, *Ferrarois*, la *Savoie*, le *Barrois*, le *Hongrois*, le *Génois*. Tous les autres noms propres ont le son de l'*è* ouvert; ainsi on dit : les *Français*, les *Anglais*, les *Hollandais*, &c. 3.º Tous les noms communs ont aussi le son de *oie*. = EXEMPLE : *poisson*, *emploi*, *nageoire*, excepté *foible*, *foiblesse*, *affoiblir*, *roide*, *roideur*, *roidir*; on prononce *faible*, *raide*. (L'Académie dit que quelques-uns prononcent *roade*). 4.º Dans tous les verbes en *oir*, comme *voir*, *recevoir*;

dans les verbes *croire* et ses composés , *croître* et ses composés. Mais, dans tous les autres verbes, ainsi qu'à l'imparfait et au conditionnel des verbes , *oi* ont le son de l'*è* ouvert : *paroître , connoître , j'aimois , j'aimerois* , &c. ; on prononce *paraitre , connaître , j'aimais , j'aimerais* , &c.

REMARQUE. Le présent de l'indicatif a le même son que le présent de l'infinitif ; c'est-à-dire que, si le présent de l'infinitif se prononce en *oir*, le présent de l'indicatif se prononce aussi en *oi* : ainsi on dira *je reçois* ; si le présent de l'infinitif se prononce en *aître* , le présent de l'indicatif se prononce aussi en *ais* : ainsi on dira *je connais*.

Au, eau, eo ont le son de l'*o* , comme *auteur, chapeau , pigeon;* on prononce *oteur, chapo , pijon.*

Eu ont le son de l'*u* , dans *j'ai eu, gageure;* on prononce *j'ai u , gajure.* Mais , dans les autres mots, elles se prononcent comme dans *peu , Dieu, heureux* , &c.

Œ ont le son de l'*é* fermé , dans *œcuménique* : on prononce *écuménique.*

Œu se prononcent comme dans *bœuf, nœud, cœur,* &c. : on prononce *beuf, neud.*

Œil , au commencement d'un mot , se prononcent comme s'il y avait un *u* entre l'*i* et l'*e ;* ainsi, *œil , œillet* , &c., se prononcent comme *œuil, œuillet.*

Eil , précédés d'un *u* et à la fin d'un mot, ont le même son ; ainsi , *recueil , orgueil,* &c. se prononcent comme s'il y avait *recueuil.* Mais *eil* n'étant point précédés d'un *u* , se prononcent comme dans *soleil.*

Ou se prononcent comme dans *fou , trou* , &c.

Ao ont le son de l'*o* dans *aoriste ;* on prononce *oriste.*

Aou ont le son de *ou* dans *août*, *aoûteron* : on prononce *oût*, *oûteron*; mais on prononce l'*a* dans *aoûter*.

Si elles forment plusieurs sons, il faut recourir aux accents.

Ainsi, *eau* ont deux sons dans *fléau*; on prononce *flé-au* :

Eu ont deux sons dans *réunion*; on prononce *ré-union* :

Ue ont deux sons dans *ambiguë*; on prononce *ambigu-ë*.

Chaque son forme une syllabe.

Une syllabe est donc une voyelle, ou seule ou jointe à d'autres lettres qui se prononcent par une seule émission de voix. = EXEMPLE. Ces mots : *il a eu le prix*, sont des mots d'une syllabe, *d'écriture*; ce dernier a quatre syllabes.

Les syllabes sont *brèves* ou *longues*.

La syllabe brève est le son le plus simple que l'on puisse former en prononçant les voyelles *a*, *e*, *i*, *o*, *u*; comme dans *race*, *rose*, *vérité*.

La syllabe longue est le même son alongé, et qui peut durer autant de temps que l'on resteroit à prononcer un mot de deux syllabes; comme dans *grâce*, *fête*, *gîte*, &c.

On entend, par diphtongue, la réunion de deux sons, qui ne forment qu'une syllabe d'usage : comme *ciel*, *liard*, *oui*, *nuit*.

On entend, par syllabe nasale, celle dont le son est modifié par le nez, comme il l'est dans toute syllabe terminée par *m* ou *n*, et précédée d'une voyelle; ainsi, la première syllabe d'*angle*, *embrasser*, et la dernière de *raison*, *parfum*, sont des syllabes nasales.

Am, *an*, se prononcent comme dans *ambition*, *ancien*, *dansant*, *chantant*, &c.

Ean ont le son d'*an*, dans *Jean*, *mangeant*, &c.

Aen ont le même son dans *Caen.*

Aon ont le même son dans *paon*, *faon*, *Laon.*
On prononce *pan*, *fan*, &c., &c.

Mais *aon* ont le son de *on* dans *taon*, *Saône*; on prononce *ton*, *Sône.*

Em, *en* ont le son d'*am*, *an* au commencement et au milieu des mots, quand ils sont suivis d'une *m*, d'une *n* ou d'une autre consonne. ══ EXEMPLE : *emmener*, *ennoblir*, *empire*, *patient*, *sentiment*, *sagement*; on prononce *ammener*, *annoblir*, &c.

REMARQUE. *En*, dans *enivrer*, ont le même son ; excepté dans les mots *ennemi*, *Emmanuel*, *Ennéagone*, *Agamemnon*, *décemvir*, *décennal*; on prononce *énemi*, *Enéagone.*

En ont le même son dans ceux qui sont terminés par *en*, *ien*, comme *examen*, *Agen*, le *mien*, *musicien*, *parisien*, *moyen*, *chrétien*, et leurs dérivés *moyennant*, *chrétienté* ; ainsi que dans les verbes *je tiens*, *je viens*, &c., et leurs composés *je soutiens*, *conviens*, &c. ;

Enfin, dans les mots en *ène*, *enne*, comme *arène*, *garenne*, *qu'il prenne*, &c. ; on prononce *garène*, *qu'il prène*, &c.

Ent, *ient* ont le son de l'*e* muet, à la troisième personne du pluriel, *ils prennent*, *ils prient*, &c. ; on prononce *ils prenne*, *ils prie*, &c.

Aim, *ain*, *ein* ont le même son, et se prononcent comme dans *faim*, *main*, *plein*, &c.

Im, *in* ont le son d'*aim*, quand ils sont suivis d'une autre consonne ; ainsi, *impie*, *incident* se prononcent comme *aimpie*, *aincident.* Mais, si *im* sont suivis d'une *m*, et *in* de *n*, alors ils se prononcent comme dans *image*; ainsi, *immédiat*, *innocent* se prononcent *imédiat*, *inocent.*

Om, *on*, *eon*, au commencement des mots, quand ils sont suivis d'une autre consonne, et à la fin des mots, se prononcent comme dans *ombre*, *dou*, *pigeon*, *nom*, &c.

Um, *un*, *eun* ont le même son : *parfum*, *importun*, *à jeun*, &c. ; on prononce *parfeum*, *importeun*, &c.

Factum, *pensum* (l'Académie écrit *factotum* et *factoton*) ; on prononce *facton*, *painson*, *factoton*, &c.

Les consonnes sont : *b*, *c*, *d*, *f*, *g*, *h*, *j*, *k*, *l*, *m*, *n*, *p*, *q*, *r*, *s*, *t*, *v*, *x*, *z*.

Le *b* ne se prononce pas dans *plomb*, *surplomb* ; on prononce *plon*.

Le *b* se prononce dans *Job*, *Caleb*, *Jacob* ; dans *rumb* on prononce *rombe*. Il se prononce encore au milieu des mots, comme dans *abcès*, *absence*, *obtenir*, *subvenir* ; on prononce *abecès*.

Le *c* se prononce devant *a*, *o*, *u*, *l*, *r*, comme le *k* : *cabaret*, *colonne*, *cuve*, *clair*, *crême*, *cri* ; on prononce *kabaret*, &c. ; mais devant *e* et *i* il se prononce comme l's : *ceci*, *cela*. On le prononce de la même manière, devant *a*, *o*, *u*, quand il y a une cédille dessous : *façade*, *maçon*, *reçu*.

Le *c*, à la fin d'un mot et dans les monosyllabes, se prononce en lui donnant le son du *k* : *sac*, *caduc*, *grec*, *turc* ; on prononce *sak*, *caduk*, *grek*, &c., excepté dans les mots suivants : *broc*, *clerc*, *marc*, *blanc*, *franc*, *jonc*, *tronc*, *almanach*, *amict*, *estomac*, *tabac*, *Cotignac*, *lacs* (cordons déliés), *échecs* au pluriel.

Le *c* et le *t* se prononcent dans les mots *exact*, *pacte*, *correct* ; mais le *c* seul se prononce dans les mots *suspect*, *respect*, *aspect*, *circonspect*. Au pluriel, on ne fait point sonner le *c* : mes *respects*, les *suspects*, &c.

Cha, *che*, *chi*, *cho* se prononcent comme dans *charité*, *chagrin*, *chemin*, *chose*, *chûte* ; mais *ch* a le son du *k*, dans les mots suivans et leurs dérivés : *Anachorète, Archange, Bacchus, écho, catéchumène, Achéloüs, archétype, Chersonèse, archiépiscopat, eucharistie, exarchat, chalcite, hypochondre, hypochondriaque, chalostique, chalcographie, Chalcedoine, chaldaïque*, et ses dérivés *chaos, chœur, chirographaire, chiromancie, Corrège, chorégraphie, chorévêque, chorion, choriste, chorobate, chorographie, choroïde, chorus, orchésographie, orchestre, patriarchat, conchoïde, conchyologie.*

Ch, suivis de *l* ou *r*, ont le son du *k* : *chlamyde, chlorose, chrétien, Christ, chronique, chronologie.*

Le *d* final a le son du *t*, quand il est suivi d'un mot qui commence par une voyelle : *un froid extrême, un grand homme* ; on prononce *froi textrême, gran thomme.*

Quand la lettre *f* est à la fin d'un mot, elle se prononce ordinairement ; aussi bien devant les mots qui commencent par une consonne, que devant ceux qui commencent par une voyelle : *une soif brûlante, une soif ardente, un homme actif, un esprit vif, un serf*; mais elle ne se prononce pas, dans *clef, cerf, cerf-volant, chef-d'œuvre, nerf-de-bœuf, œuf frais.* Cette lettre, qui se prononce dans le singulier des mots *œuf, bœuf, nerf*, ne se prononce jamais au pluriel ; on prononce des *œus*, *des bœus*, des *ners.* Elle se prononce, dans *neuf*, adjectif: *un habit neuf, des habits neufs* ; elle ne se prononce point, dans le mot *neuf*, adjectif de nombre, quand ce mot est suivi immédiatement d'un mot qui commence par une consonne, *neuf cavaliers, neuf chevaux* ; mais, quand *neuf* est suivi d'un mot qui commence par une voyelle, l'*f* se prononce comme un *v* : *neuf écus, neuf ans* ; prononcez *neuv écus, neuv ans.* Quand le mot *neuf* n'est suivi d'aucun nom, on prononce l'*f* : *ils ne restèrent que neuf.*

Ph se prononce comme *f* : *philosophie*, *alphabet*, *amphibie*, &c.

G avec *n* a une prononciation mouillée, comme dans ces mots : *agneau*, *signal*, *campagne* ; mais il a le son de *gue* dans les mots suivants : *gnome*, *gnostique*, *Progné*, *agnat*, *agnation*, *agnatique*, *cognat*, *cognation*, *cognatique*, *regnicole*, *inexpugnable*, *ignée*, *ignicole*, *ignition*, *stagnant*, *stagnation*. Il a le même son, quand il est suivi de *ge*, *d* ou *m* : *suggérer*, *augmenter*, *Agde*, *Magdebourg*, &c. ; et à la fin des mots, quand il est suivi d'une voyelle. = EXEMPLE : *un long hiver*, &c. Il ne se prononce point, dans les mots *étang* et *faubourg*, même devant une voyelle.

L finale se prononce ordinairement comme dans *moral*, *mortel*, *seul*, *puéril*, *mil* (nom de nombre). Elle ne se prononce point dans *baril*, *chenil*, *cul*, *fusil*, *outil*, *fenil*, *fournil*, *coutil*, *soûl*, *sourcil*, ni dans *gentil*, suivi d'une consonne ; mais, si ce mot est suivi d'une voyelle ou d'une *h* muette, elle se mouille : ainsi elle est mouillée, dans *gentilhomme* ; au pluriel, elle ne se prononce point, on dit des *gentizhommes*. Quand cette lettre est double, et qu'elle est précédée d'*ai*, *ei*, *oui*, *i*, elle se prononce mouillée : *maille*, *veiller*, *grenouille*, *feuille*, *quille*, *briller*, &c., excepté dans les mots *campanille*, *gille*, *pupille*, *tranquille*, *ville*, et leurs dérivés ; *mille* (nom de nombre) : *l* est mouillée, dans les mots qui finissent en *ail*, *eil* et *ouil*, comme *travail*, *réveil*, *cercueil*, *œil*, *fenouil*, et dans *mil* (graine), et *péril*.

M se prononce dans *amnistie*, *hymne*, *automnal*, *calomnie*, *somnambule*, *indemniser*, indemnité, *Agamemnon*; on prononce *indamni-ser, indamnité*. Quand cette lettre est redoublée, et que la première a le son d'*an*, la seconde seule conserve sa prononciation : *emmener, emmail-loter*, &c. ; on prononce *enmener, enmailloter*. Hors de là, elle conserve sa prononciation : *immédiatement, comminatoire*, &c.

N finale ne se prononce point, dans les noms et les adverbes, quoiqu'ils soient suivis d'une voyelle ou d'une *h* muette : *du vin exquis, du pain excellent*, &c.

P se prononce, dans les mots suivans : *Cap, cep, Assomption, baptismal, opté, sceptique, sceptisme, septante, septantième, septembre, septennaire, septennal, septentrion, septen-trional, septuagésime, septuagénaire, septuple, accepter*, et ses dérivés ; *excepter*, et ses dérivés ; *contempteur, contemptible* et *rapt*.

Q se prononce, dans *coq, coq-à-l'âne*; et dans *cinq*, quand il est seul ou qu'il est suivi d'une voyelle : *cinq hommes, ils étaient cinq, le cinq de trefle*, &c.

Q suivi d'un *u* se prononce comme le *k* : *qualité, quotidien, quenouille, quiconque*; excepté dans les suivans, ou *qu* ont le son de *cou* : *aquatile, aquatique, équateur, équa-torial, équation, quadragénaire, quadragésime, quadragésimal, quadrangulaire, quadratrice, quadrature* (du cercle), *quadridenté, quadrifide, quadriflore, quadrifolium, quadrige, quadri-jugué, quadrilatère, quadrinôme, quadrivalve, quadripartition, quadrupède, quadruple, qua-drupler, quaker, in-quarto, quaternaire, quartz, quaterne, quaternés, quatuor, liquation*; on prononce *acouatique, écouateur*, &c.

Qu ont le son de *cui* dans *équestre, équiangle, équidistant, équilatéral, équilatère, équitation*, *équimultiple*, *liquéfaction*, *quinquagésime*, *quinquagénaire* (on prononce *cuincoua*), *quiquennal*, *quinquennium*, *quinquerême* (on prononce *cuincuen*), *quinquonce*, *quintidi*, *quintil*, *quintuple* (on prononce *cuin*).

R finale se prononce toujours, dans les mots d'une syllabe et dans ceux de plusieurs syllabes, quand elle est précédée d'un *i*, d'un *o* ou d'un *u*: *car*, *mer*, *noir*, *butor*, *jour*, *mur*, *languir*, *courir*, &c. Elle se prononce encore, dans les mots où elle donne, à la voyelle qui la précède, le son de l'è ouvert: *amer*, *cancer*, *belveder*, &c. Mais elle ne se prononce point, dans *monsieur* et dans les autres mots terminés en *er*, où elle donne à la voyelle le son de l'é fermé : *boulanger*, *horloger*, *aimer*, *chanter* : on prononce *boulangé*, *horlogé*, &c.

S finale se prononce dans *aloès*, *os*, *la vis*, *blocus*, *bibus*, *dervis*, *gratis*, *jadis*, *laps*, *Mars*, *Rheims*, *Rubens*, *agnus*, *calus*, *rébus*, *sinus*, *Vénus*, *Momus*, *Bacchus*. Mais elle ne se prononce, dans les autres mots, que lorsque le mot suivant, avec lequel elle doit s'unir, commence par une voyelle ou une *h* muette ; alors elle prend le son du *z* : *après avoir vu vos habits* ; on prononce *aprè-zavoir vu vo-zhabits*. Elle a le même son, dans un mot, lorsqu'elle se trouve entre deux voyelles: *raison*, *poison*, &c. ; on prononce *raizon*, *poizon*, &c., excepté dans les mots *préséance*, *présupposer*, *désuétude*, *monosyllabe*, *parasélène*, *parasol*, *vraisemblable* et ses dérivés.

S a le son du *z*, quoiqu'elle ne soit pas entre deux voyelles, dans *Alsace*, *balsamine*, *balsamique* ; et dans les mots composés de la syllabe *trans*, suivie d'une voyelle : *transaction*, *transition*, *transitoire*, excepté dans les mots *transir*, *Transilvanie*, où elle a le son du *c*.

Le *t* ne se prononce point, dans *respect*, *aspect*, quoique le mot suivant commence par une voyelle ou une *h* muette.

La syllabe *ti*, suivie d'une voyelle, a quelquefois le son du *c*, et quelquefois celui du *t*; elle a le son du *t*: 1.º Quand elle commence le mot: *tiédeur*, *le tien*, *je tiens*, &c. 2.º Quand elle est précédée des lettres *s* ou *x*: *bastion*, *question*, *mixtion*, &c. 3.º Quand il y a une *h* entre le *t* et l'*i*: *Ponthieu*, *Mathias*. 4.º Dans les mots *galimatias*, *chartier*, *matière*, *chrétien*, *soutien*, *entretien*, *entier*. 5.º Dans les verbes *châtier*, *nous acceptions*, *nous portions*, *nous intentions*, excepté dans les verbes *initier* et *balbutier*, où le *t* a le son du *c*: on prononce *inicier*, *balbucier*.

Le *t*, dans toutes les autres rencontres, a le son du *c*: *factieux*, *ambition*, *patient*, *venitien*, *prophétie*: on prononce *faccieux*, *ambicion*.

Le *t* final sonne, dans *brut*, *apt*, *Christ*, *correct*, *direct*, la *dot*, *fat*, *indult*, le *lest*, *rapt*, le *zénith*, le *zist* et le *zest*; dans *vingt-deux*, *vingt-trois*, jusqu'à *trente*, et dans *vingt-deuxième*, &c.

T ne sonne point, dans *vingt* et *quatre-vingt*, sans nom ou suivis d'un nom qui commence par une consonne: *ils étoient vingt*, *il avoit vingt pommes*.

T sonne, dans *sept* et *huit*, seuls ou suivis d'un nom qui commence par une voyelle: *sept hommes*, *huit oranges*; mais il ne sonne point, si le mot commence par une consonne.

X, à la fin des mots, ne se prononce que lorsque le mot suivant, avec lequel il doit s'unir, commence par une voyelle ou une *h* muette; alors il a le son du *z*: *baux à ferme*, &c.; on prononce *bauz-à-ferme*. Il ne se prononce point, dans *dix*, *six*, lorsque le mot suivant commence par une consonne ; mais il se prononce comme *s*, s'il est suivi d'un repos.

Il y a dix sortes de mots, que l'on appelle parties du discours ; savoir : *le nom*, *l'article*, *l'adjectif*, *le pronom*, *le verbe*, *le participe*, *l'adverbe*, *la préposition*, *la conjonction*, *l'interjection*.

CHAPITRE I.ᵉʳ

DU NOM OU SUBSTANTIF.

LE nom, ou substantif, est un mot dont on se sert pour désigner les objets de nos idées ; soit que ces objets soient sensibles, comme *fleur*, *arbre*, *homme*, *enfant* ; ou intellectuels, comme *sagesse*, *beauté*, *pensée*, *jugement*.

On distingue plusieurs sortes de noms : *le nom appellatif* ou *commun*, *le nom propre*, *le nom collectif* et *le nom partitif*.

Le nom appellatif, ou commun, est celui qui convient à tous les objets d'une même espèce : comme le nom *homme*, qui convient à tous les hommes ; le nom *ville*, qui convient à toutes les villes.

Le nom propre est celui qui désigne un objet particulier, et qui le distingue des autres objets de la même espèce : ainsi *Pierre* est un nom propre, parce qu'il distingue un homme des autres hommes : *Paris* est un nom propre ; parce qu'il distingue une ville des autres villes.

Le nom collectif désigne plusieurs personnes ou plusieurs choses, qui forment un tout : comme *peuple*, *armée*, qui désignent plusieurs hommes réunis, et formant un tout; *forêt*, qui désigne plusieurs arbres, formant un tout.

Le nom partitif désigne une partie d'un tout : *plupart*, *moitié* sont des noms partitifs ; parce qu'ils désignent des parties d'un tout.

Le nom est susceptible de genre et de nombre.

Le genre est la distribution des noms sous une même dénomination, de *masculin* ou de *féminin* : la dénomination masculine est marquée par les mots *le*, *du*, *au*; et la dénomination féminine, par les mots *la*, *de la*, *à la*.

Il y a donc deux genres, le *masculin* et le *féminin*.

Le nom est du genre masculin, s'il y a, ou si l'on peut mettre devant, les mots *le*, *du*, *au* : ainsi, *livre* est du genre masculin ; parce qu'on peut dire *le livre*, *du livre*, *au livre*.

Le nom est du genre féminin, s'il y a, ou si l'on peut mettre devant, les mots *la*, *de la*, *à la* : ainsi, *table* est du genre féminin ; parce qu'on peut dire *la table*, *de la table*, *à la table*.

Le nombre est, dans les noms, la propriété qu'ils ont de représenter un ou plusieurs objets.

Il y a deux nombres, *le singulier* et *le pluriel*.

Le singulier est le nombre qui ne représente qu'un seul objet, comme *un livre*, *le livre*, *du livre*, *au livre*; *une table*, *la table*, *de la table*, *à la table*.

Le pluriel est le nombre qui représente plusieurs objets, comme *les livres*, *des livres*, *aux livres*; *les tables*, *des tables*, *aux tables*.

Ainsi, *le*, *du*, *au*, *la*, *de la*, *à la* marquent le singulier ; *les*, *des*, *aux* marquent le pluriel.

FORMATION

FORMATION DU PLURIEL DANS LES NOMS.

RÈGLE GÉNÉRALE. Le pluriel, dans les noms, se forme en ajoutant *s* à la fin du nom. = EXEMPLE : le *peuple*, les *peuples*, &c.

PREMIÈRE EXCEPTION. Les noms terminés au singulier par *s*, *z*, *x*, ont la même terminaison au pluriel. = EXEMPLE : le *fils*, les *fils* ; la *voix*, les *voix* ; le *nez*, les *nez*, &c.

DEUXIÈME EXCEPTION. Le *bétail*, au pluriel les *bestiaux* ; le *corail*, les *coraux* ; l'*ail*, les *aulx* ; le *soupirail*, les *soupiraux* ; l'*émail*, les *émaux* ; le *bail*, les *baux* ; le *métail*, les *métaux* ; le *vantail*, les *vantaux* ; le *tramail*, les *tramaux* ; le *travail*, les *travaux*. Mais *travail*, compte qu'un ministre rend à un roi, ou machine de bois, fait au pluriel les *travails*.

Les autres noms en *ail* prennent une *s* au pluriel : le *détail*, les *détails*, &c.

TROISIÈME EXCEPTION. Les noms terminés au singulier par *al* font leur pluriel en *aux*. = EXEMPLE : le *cheval*, les *chevaux* ; le *mal*, les *maux*, &c.

REMARQUE. Les mots *bal*, *pal*, *cal*, *régal* et *carnaval* prennent une *s* au pluriel : les *bals*, les *pals*, les *cals*, &c.

QUATRIEME EXCEPTION. Les noms terminés au singulier par *au*, *eau*, *eu*, *ou*, prennent une *x* au pluriel. = EXEMPLE : l'*étau*, les *étaux* ; le *chapeau*, les *chapeaux* ; le *jeu*, les *jeux* ; le *caillou*, les *cailloux*, &c.

REMARQUE. Les mots *bleu*, *clou*, *cou*, *trou*, *filou*, *sou*, *loup-garou*, *licou*, *fou*, *mou* et *matou*, prennent une *s* au pluriel : les *bleus*, les *clous*, les *trous*, &c.

B

CINQUIÈME EXCEPTION. Le *ciel* fait au pluriel les *cieux* : on dit cependant des *ciels de lits*, pour le sommet des lits ; des *ciels de tableaux*, pour les nuages d'un tableau.

L'*œil* fait au pluriel les *yeux* ; on dit cependant des *œils de bœuf*, terme d'architecture.

L'*aïeul* fait les *aïeux* ; mais, quand on veut désigner précisément le grand-père paternel et le maternel, on dit *aïeuls : ses deux aïeuls ont rempli les premiers emplois.*

SIXIÈME EXCEPTION. Les noms latins adoptés dans la langue françoise ne prennent point d's au pluriel : on écrit des *alinéa*, des *zéro*, des *accessit*, des *duo*, &c., excepté *factum*, *débet*.

SEPTIÈME EXCEPTION. Les noms propres de famille ne prennent point d's, lorsqu'ils désignent les personnes d'une famille ; ainsi on écrira : *les deux Corneille*, *les deux Racine*, &c. ; mais, lorsque ces noms sont employés comme noms appellatifs, c'est-à-dire que, sous ces noms, on veut désigner tous ceux qui ont imité les actions de ces personnes, alors ils prennent l's ; on écrira donc : *les Cicérons*, *les Massillons*, désignant, sous ces noms, tous ceux qui se sont illustrés dans le barreau ou dans la chaire.

HUITIÈME EXCEPTION. Les noms terminés au singulier par *ent* changent *t* en *s* au pluriel. = EXEMPLE, le *sentiment*, les *sentimens* ; le *monument*, les *monumens*.

Tout suit la même exception au pluriel, *tous*.

Mais les monosyllabes terminés par *ent* prennent une *s* après le *t*. = EXEMPLE : la *dent*, les *dents* ; le *vent*, les *vents*, &c.

REMARQUES. Il y a des noms qui n'ont point de pluriel, comme *absynthe*, *encens*, la *faim*, la *soif*, &c. = Il y en a d'autres qui n'ont point de singulier, comme *ancêtres*, *mœurs*, *pleurs*, &c.

CHAPITRE II.

DE L'ARTICLE.

L'ARTICLE est un petit mot qui se met toujours devant le nom , pour en désigner le genre et le nombre , en déterminer la signification et en marquer les rapports. Nous avons plusieurs articles ; ce sont : *le* , *du* , *au* , pour le masculin singulier ; *la* , *de la* , *à la* , pour le féminin singulier ; *les* , *des* , *aux* , pour le pluriel des deux genres.

REMARQUE. *Du* , *au* , employés devant un nom masculin qui commence par une consonne , se changent en *de l'* , et *à l'* , devant un nom masculin qui commence par une voyelle ou une *h* muette.

Je dis : 1.º *Pour en désigner le genre et le nombre* , parce que l'on connoît qu'un nom est du genre masculin , quand on peut mettre *le* devant ce nom ; qu'il est du genre féminin , quand on peut mettre *la* ; et qu'il est au pluriel , quand on peut mettre *les*.

2.º *Pour en déterminer la signification* :
Déterminer la signification d'un mot , c'est y donner une signification précise. En effet , quand je dis les mots *jardin* , *porte* , on ne sait de quel jardin ni de quelle porte je parle : mais , si je mets , devant le mot *jardin* , l'un des articles *le* , *du* , *au* , et , devant le mot *porte* , l'un des articles *la* , *de la* , *à la* , alors ces mots ont une signification précise ; parce que l'on entend que je parle d'un jardin en particulier , d'une porte

en particulier ; et si je dis : *fermez la porte du jardin*, on entend que je parle de la porte d'un jardin en particulier. Quand je dis : *prenez du pain*, *prenez de la viande* ; *du*, *de la* marquent de plus qu'il ne faut pas prendre tout le pain et toute la viande ; mais seulement une partie du pain, une partie de la viande.

3.º *En marquer les rapports*, c'est-à-dire marquer la manière régulière de les joindre ensemble ou avec d'autres mots : comme *le livre de Pierre*, *utile à Pierre* ; *de* et *à* servent à joindre le mot *Pierre* aux mots *livre* et *utile*.

De là, les articles sont divisés en *articles déterminatifs*, en *articles partitifs*, et en *articles indéterminés*.

Les articles déterminatifs sont: *le*, *du*, *au*, *la*, *de la*, *à la*, *les*, *des*, *aux*.

Les articles partitifs sont: *de*, *du*, *de la*, *des*. Les articles indéterminés sont : *de* et *à*.

On entend par déterminatif tout ce qui détermine la signification d'un mot ; par partitif, tout ce qui est divisé ou divisible.

L'article est elliptique, lorsqu'il annonce quelque chose de sous-entendu, qui se présente facilement à l'esprit, comme quand on dit : *la Saint-Jean*, pour *la fête de Saint-Jean* ; les mots *fêtes de* sont sous - entendus. *J'ai vu quelque chose de beau*, c'est-à-dire *qui est beau* ; *qui est* sont les mots sous - entendus.

REMARQUE. On retranche *e* dans *le*, et *a* dans *la*, quand le mot suivant commence par une voyelle ou par une *h* muette ; mais on met, à la place de la lettre retranchée, cette petite figure (') , que l'on appelle apostrophe.

Ainsi, au lieu d'écrire *le oiseau*, *du oiseau*, *au oiseau* ; *la hirondelle*, *de la hirondelle*, *à la hirondelle* ; on écrira *l'oiseau*, *de l'oiseau*, à *l'oiseau* ; *l'hirondelle,*, *de l'hirondelle* , *à l'hirondelle.*

Les noms peuvent être employés sous cinq rapports différents : au vocatif, au nominatif, au régime simple, qui répond à l'accusatif du latin ; au régime composé *de* , qui répond au génitif et à l'ablatif du latin ; et au régime composé *à*, qui répond au datif du latin.

Le nom s'emploie au vocatif, lorsqu'on appelle quelqu'un, ou que l'on s'adresse a quelque chose ; c'est l'expression du nom sans article, ou seulement précédé de la lettre *o* : *ô Dieu ! ô douces fontaines! enfants, écoutez-moi :*

Au nominatif, lorsque l'article est placé devant un nom qui est le principe des actions ou des choses. Ainsi, dans cette proposition : *l'enfant rit* , l'enfant est le nominatif du verbe *rit* :

Au régime simple ou à l'accusatif , lorsque l'article est placé devant un nom qui détermine la signification d'un autre mot. Ainsi , dans cette phrase : *Dieu aime les hommes* ; les *hommes* est le régime simple d'*aime* , parce qu'il en détermine la signification :

Au régime composé *de* , ou au génitif, lorsque l'article est placé devant un nom qui détermine la signification d'un autre nom ou d'un autre mot, médiatement *de* , *du* , *de la*, *des*, comme dans ces exemples : *le fruit de l'arbre* , *je jouis du repos* ; *de l'arbre* est régime composé *de* de fruit, et *repos* régime composé *de* je jouis ; parce qu'il en détermine la signification , médiatement *de* :

Au régime composé *à* , lorsque l'article est placé devant un nom, qui détermine la signification d'un autre mot, médiatement *à* , *au*, *à la*, *aux*, comme *utile à l'homme*, *propre aux arts* ; homme est le régime composé *a* d'utile,

et *arts* est le régime composé *à* de propre ;
parce qu'il en détermine la signification, médiatement *à*.

*EMPLOI de l'article déterminatif, devant un nom
masculin qui commence par une consonne.*

SINGULIER.

Vocatif.. père.
Nominatif...................................... le père.
Accusatif ou régime simple.......... le père.
Génitif ou régime composé *de*....... du père.
Datif ou régime composé *à*........... au père.

PLURIEL.

Vocatif... pères.
Nominatif..................................... les pères.
Accusatif ou régime simple........... les pères.
Génitif ou régime composé *de*........ des pères.
Datif ou régime composé *à*........... aux pères.

*EMPLOI de l'article déterminatif, devant un nom
féminin qui commence par une consonne.*

SINGULIER.

Vocatif.. mère.
Nominatif...................................... la mère.
Accusatif ou régime simple........... la mère.
Génitif ou régime composé *de*........ de la mère.
Datif ou régime composé *à*........... à la mère.

PLURIEL.

Vocatif.. mères.
Nominatif................................. ...... les mères.

Accusatif ou régime simple........ les mères.
Génitif ou régime composé *de*..... des mères.
Datif ou régime composé *à*......... aux mères.

EMPLOI de l'article déterminatif, devant un nom qui commence par une voyelle.

SINGULIER.

Vocatif............................... animal.
Nominatif............................. l'animal.
Accusatif ou régime simple........ l'animal.
Génitif ou régime composé *de*..... de l'animal.
Datif ou régime composé *à*........ à l'animal.

PLURIEL.

Vocatif............................... animaux.
Nominatif............................. les animaux.
Accusatif ou régime simple........ les animaux.
Génitif ou régime composé *de*.... des animaux.
Datif ou régime composé *à*....... aux animaux.

EMPLOI de l'article partitif, devant un nom masculin qui commence par une consonne.

SINGULIER.

Nominatif............................. du pain.
Accusatif ou régime simple........ du pain.
Génitif ou régime composé *de*..... de pain.
Datif ou régime composé *à*........ à du pain.

PLURIEL.

Nominatif............................. des pains.
Accusatif ou régime simple........ des pains.
Génitif ou régime composé *de*..... de pains.
Datif ou régime composé *à*........ à des pains.

*EMPLOI de l'article partitif, devant un nom
féminin qui commence par une consonne.*

SINGULIER.

Nominatif............................... de la viande.
Accusatif ou régime simple....... de la viande.
Génitif ou régime composé *de*.... de viande.
Datif ou régime composé *à*........ à de la viande.

PLURIEL.

Nominatif.............................. des viandes.
Accusatif ou régime simple........ des viandes.
Génitif ou régime composé *de*..... de viandes.
Datif ou régime composé *à*........ à des viandes.

REMARQUE. Comme les articles ne se mettent
que devant les noms ; on connoît qu'un mot est
un nom, quand on peut mettre, devant ce mot,
l'un des articles *le* ou *la*.

CHAPITRE III.

DE L'ADJECTIF.

L'ADJECTIF est un mot que l'on ajoute au nom,
pour exprimer la qualité de l'objet que l'on dé-
nomme, comme *jardin agréable* : *agréable* est
un adjectif, parce qu'il exprime la qualité du
nom *jardin*.

Exprimer la qualité d'un objet, c'est y ajouter
une idée secondaire, que ne présente pas le nom :
ainsi, *agréable* est un adjectif, parce qu'il exprime
une qualité, que le mot *jardin* ne présente pas.

On connoît qu'un mot est adjectif, quand on peut y joindre le mot *personne* ou *chose*: *agréable* est un adjectif; parce qu'on peut dire *une personne agréable*, *une chose agréable*.

L'adjectif diffère du nom, en ce que le nom ne convient qu'à une seule espèce d'objets, comme *homme*, *livre*: aulieu que l'adjectif convient à plusieurs espèces d'objets, comme *bon*; car on peut dire *un homme bon*, *un livre bon*.

REMARQUE. Quand l'adjectif est précédé de l'article elliptique, alors il est employé comme nom. = EXEMPLE : *l'utile est préférable à l'agréable* ; *utile* et *agréable* sont employés comme noms, parce que l'article annonce que le mot *chose* est sous-entendu ; c'est-à-dire *la chose utile* est préférable *à la chose* agréable.

Comme les adjectifs conviennent a plusieurs sortes d'objets, ils ont donc les deux genres : leur différence de genres se marque ordinairement par la dernière lettre.

FORMATION DU FEMININ DES ADJECTIFS.

PREMIÈRE RÈGLE. Les adjectifs qui se terminent au masculin par un *e* muet, n'ont qu'une terminaison pour les deux genres.=EXEMPLE : *un homme aimable*, *une femme aimable* ; excepté *châtain*, qui est masculin et féminin : *cheveu châtain*, *une couleur châtain*.

DEUXIÈME RÈGLE. Quand les adjectifs ne finissent point par un *e* muet ; on y ajoute un *e* muet pour former le féminin. = EXEMPLE : *un homme prudent*, *une femme prudente* ; *un homme sensé*, *une femme sensée*, &c.

PREMIÈRE EXCEPTION. Les adjectifs terminés au masculin par *el*, *eil*, *ul*, *an*, *en*, *as*, *es*, *os*, *et*, *ot* doublent, au féminin, leur consonne finale, et prennent l'*e* muet: *cruel*, *vermeil*, *nul*, *paysan*, *ancien*, *bon*, *gros*, *gras*, *net*, *sot*, &c. font, au féminin, *cruelle*, *vermeille*, *nulle*, *paysanne*, *ancienne*, *bonne*, *grosse*, *grasse*, *nette*, *sotte*, &c. Cependant *mauvais*, *niais*, *ras*, *complet*, *discret*, *inquiet*, *secret*, *espagnol*, *dévot*, *bigot*, *idiot*, *cagot*, *courtisan*, *musulman*, *mahométan*, prennent un *e* seulement au féminin : *mauvaise*, *niaise*, *complète*, *discrète*, *inquiète*, *rase*, *dévote*, *bigote*, *courtisane*, &c.

REMARQUE. *Fou*, *mou*, *beau*, *nouveau*, *vieux*, qui s'emploient ainsi, devant un nom qui commence par une consonne ou une *h* aspirée, mais qui se changent en *fol*, *mol*, *bel*, *nouvel*, *vieil*, devant un nom qui commence par une voyelle ou une *h* muette, font, au féminin, *folle*, *molle*, *belle*, *nouvelle*, *vieille*. = EXEMPLE : *un beau temple*, *une belle église*, *un bel anneau*, *une belle bague*.

Cependant on peut dire *un vieux homme*, *le vieux homme*, pour dire un homme fort âgé. Dans le langage mystique, on dit *le vieil homme*, en parlant des inclinations vicieuses qui tiennent à la nature. *Vieil* et *vieux* s'emploient aussi sans rapport a l'âge ; et dans ce séns on dit *un vieux ami*, *un vieux ivrogne*, pour dire un ami qui l'est depuis long-temps, un ivrogne qui l'est depuis long-temps.

DEUXIÈME EXCEPTION. Les adjectifs qui se terminent par *f* au masculin, changent cette terminaison en *ve* au féminin : *bref*, *naïf*, *vif*, *oisif*, &c., font, au féminin, *brève*, *naïve*, &c.

TROISIÈME EXCEPTION. Les adjectifs *blanc*, *franc*, *sec*, *frais*, font, au féminin, *blanche*, *franche*, *sèche*, *fraîche*.

Public, *caduc*, *grec*, *turc*, font, au féminin, *publique*, *caduque*, *grecque*, *turque*.

Absous, *dissous*, font, au féminin, *absoute*, *dissoute* ; *malin*, *maligne* ; *bénin*, *bénigne* ; *doux*, *douce* ; *roux*, *rousse* ; *faux*, *fausse* ; *favori*, *favorite* ; *long*, *longue* ; *tiers*, *tierce* ; *préfix*, *préfixe* ; *gentil*, *gentille* ; *muscat*, *muscade*.

QUATRIÈME EXCEPTION. Les adjectifs dont la terminaison est en *eux* au masculin, changent *x* en *se* au féminin : *heureux*, *honteux*, *peureux* ; au féminin, *heureuse*, *honteuse*, *peureuse*.

CINQUIÈME EXCEPTION. Les adjectifs en *eur* au masculin ont quatre terminaisons différentes au féminin : *euse*, *trice*, *resse* et *eure*.

1.º Les adjectifs en *eur*, formés des verbes françois, changent ordinairement cette terminaison en *euse* : *un esprit railleur*, *une humeur railleuse*, &c.

2.º D'autres changent *eur* en *trice* : *un point générateur*, *une ligne génératrice* ; *inventeur*, *inventrice* ; *moteur*, *motrice*, &c.

3.º Les adjectifs en *eur*, qui font leur féminin en *resse*, sont *enchanteur*, *enchanteresse* ; *pécheur*, *pécheresse* ; *vengeur*, *vengeresse* ; *bailleur*, *bailleresse* ; *défendeur*, *défenderesse* : *demandeur* et *vendeur*, en termes de pratique, font *demanderesse* et *venderesse* (ailleurs on dit *demandeuse* et *vendeuse*) ; *chasseur*, en poésie *chasseresse* (ailleurs on dit *chasseuse*).

4.º Les adjectifs en *eur*, qui font leur féminin en *eure*, sont : *antérieur*, *extérieur*, *majeur*, *mineur*, *intérieur*, *meilleur*, *prieur*, *supérieur*, *ultérieur*, *inférieur*, *postérieur* ; au féminin, *antérieure*, *extérieure*, *inférieure*, *majeure*, *mineure*, &c.

REMARQUE. *Amateur*, *auteur*, *successeur*, &c. sont masculins et féminins : on dit *une femme auteur*, *amateur*, *successeur*. Cependant quelques auteurs disent *amatrice*.

FORMATION DU PLURIEL DES ADJECTIFS.

Le pluriel, dans les adjectifs, se forme, comme dans les noms, en y ajoutant *s* ou *x* a la fin, selon la terminaison du singulier. = Exemple : *bon, bonne, beau, belle*; au pluriel, *bons, bonnes, beaux, belles*; ou en changeant *al* en *aux*, *égal, austral, libéral, trivial, lacrymal*, &c.; au pluriel, *égaux, austraux, libéraux, triviaux, lacrymaux*.

Les adjectifs *fol, mol, bel, nouvel, vieil*, font, au pluriel, *fous, mous, beaux, nouveaux, vieux*.

Châtain est invariable, quand il est suivi d'un adjectif qui le modifie : on dit des *cheveux châtain clair*.

Mais les adjectifs suivans n'ont point de pluriel, au masculin : *adverbial, boréal, amical, automnal, colossal, ducal, fatal, filial, final, frugal, jovial, glacial, mental, natal, pastoral, venal, nerval, labial, pénal, virginal, papal, pascal, naval, idéal, littéral*, &c. Cependant quelques écrivains disent des *cierges pascals*, des *combats navals*, des *trésors idéaux*, des *commentaires littéraux*.

On dit les *pénitentiels* et les *universaux*, employés comme noms ; mais, employés comme adjectifs, on dit les *canons pénitentiaux*, les *remèdes universels*, les *hommes universels*.

DEGRES DE SIGNIFICATION DE L'ADJECTIF.

On entend , par degré de signification, la manière d'exprimer la qualité des objets, avec plus ou moins d'étendue.

Il y a trois degrés de signification : *le positif, le comparatif* et *le superlatif*. = Le positif exprime la qualité d'un objet, sans aucune comparaison ; comme *enfant aimable*, *jardin agréable*. == Le comparatif exprime la qualité d'un objet, avec comparaison à celle d'un autre objet. Quand on compare deux choses, on trouve que la qualité de l'une est ou supérieure à l'autre, ou inférieure à l'autre, ou égale à l'autre.

De là, les comparatifs sont divisés en *comparatifs de supériorité*, *d'infériorité* et *d'égalité* : Le comparatif de supériorité se forme, en mettant *plus* devant l'adjectif suivi de *que* ; comme *la rose est plus belle que la violette*. == Le comparatif d'infériorité se forme, en mettant *moins* devant l'adjectif suivi de *que*; comme *la violette est moins belle que la rose.* == Le comparatif d'égalité se forme, en mettant *aussi*, *autant* devant l'adjectif suivi de *que*; comme *Pierre est autant, aussi sage que Paul.*

Les adjectifs *meilleur*, *moindre*, *pire*, suivis de *que*, expriment seuls le degré de comparaison :

Meilleur s'emploie au lieu de *plus bon*, qui ne se dit pas; comme *la vertu est meilleure que la science.*

Moindre s'emploie au lieu de *plus petit*; comme *cette colonne est moindre que l'autre* : ou, pour *n'est pas si bon*; comme *ce vin là est moindre que l'autre.*

Pire s'emploie au lieu de *plus mauvais* ; comme *la dernière faute est pire que la première.*

Le superlatif est la manière d'exprimer la qualité d'un objet à un très-haut degré, ou au plus haut degré.

Il y a deux superlatifs : le *superlatif absolu* et le *superlatif relatif.* == Le superlatif absolu exprime la qualité d'un objet à un très-haut degré, et sans comparaison à celle d'un autre objet; il se forme, en mettant *très*, ou *fort* devant l'adjectif, comme *très-sage*, *fort savant*. = Le superlatif relatif exprime la qualité d'un objet avec un rapport de comparaison à celle d'un autre objet ; il se forme, en mettant les articles déterminatifs devant les comparatifs de supériorité et d'infériorité, comme *le plus sage*, *le moins sage*.

La langue françoise a quelques mots qui expriment seuls un superlatif; tels sont : *serénissime*, *illustrissime*, *révérendissime*, *excellentissime*, *éminentissime*, &c.

DES ADJECTIFS ET DES NOMS DE NOMBRE.

Les adjectifs de nombre sont ceux dont on se sert pour compter.

Il y en a de deux sortes : les *adjectifs de nombres cardinaux*, et les *adjectifs de nombres ordinaux*. = Les adjectifs de nombres cardinaux sont ceux qui servent à marquer la quantité, comme *un*, *deux*, *trois*, *quatre*, *cinq*, *six*, *sept*, *huit*, *neuf*, *dix*, *onze*, *douze*, *treize*, *quatorze*, *quinze*, *seize*, *dix-sept*, *dix-huit*, *dix-neuf*, *vingt*, *trente*, *quarante*, *cinquante*, *soixante*, *soixante-dix*, *quatre-vingt*, *quatre-vingt-dix*, *cent*, *mille*, &c. = Les adjectifs de nombres ordinaux servent à marquer l'ordre, comme *premier*, *second*, *troisième*, *quatrième*, &c.

Les noms de nombre sont ceux qui marquent l'assemblage de plusieurs nombres, comme *une douzaine*, *une vingtaine*, &c. = Ceux qui marquent les parties d'un tout, comme *la moitié*, *le tiers*, &c. = Ceux qui servent à multiplier, comme *le double*, *le triple*, &c.

Il y a des noms qui sont masculins et féminins, sous la même signification :

Amour est masculin au singulier : on le fait quelquefois féminin en poésie ; mais il est toujours féminin au pluriel : *un amour constant, de folles amours.*

Automne est masculin et féminin : *un bel automne, une automne froide.*

Délice est masculin au singulier : *c'est un grand délice* ; et féminin au pluriel : *ses plus chères délices.*

Foudre est masculin et féminin : *être frappé du foudre, être frappé de la foudre.*

Hymne est masculin : *hymne*, qu'on chante à l'église, est féminin : *la belle hymne.*

Orgue est masculin au singulier : *le bel orgue* ; et féminin au pluriel : *les belles orgues.*

Couple est du genre féminin, quand il désigne seulement le nombre de deux : *une couple d'œufs* ; mais il est masculin, s'il désigne le mâle et la femelle : *voilà un beau couple.*

Enfant est masculin, quand on parle d'un garçon : *voilà un joli enfant* ; il est féminin quand on parle d'une fille : *voilà une belle enfant.*

CHAPITRE IV.

DU PRONOM.

LE pronom est un mot qui se met à la place du nom, pour en rappeler l'idée, et pour en éviter la répétition. = EXEMPLE. En parlant d'une rivière, on dira : *elle est navigable. Elle* est un pronom, parce que ce mot rappelle l'idée de rivière.

Le pronom est du même genre et du même nombre que le nom dont il rappelle l'idée ; ainsi, dans l'exemple précédent, *elle* est au féminin, parce que rivière est un nom féminin.

On distingue plusieurs sortes de pronoms : les *personnels*, les *possessifs*, les *démonstratifs*, les *relatifs* et les *indéfinis*.

DES PRONOMS PERSONNELS.

Les pronoms personnels sont ceux qui désignent les personnes.

Il y a trois personnes : la première est celle qui parle ; la seconde est celle a qui l'on parle ; et la troisième est celle de qui l'on parle.

PRONOMS DE LA PREMIÈRE PERSONNE.

Les pronoms de la première personne sont : *je*, *me*, *moi*, pour le singulier ; *nous*, pour le pluriel. Ces pronoms sont des deux genres : masculins, si c'est un homme qui parle ; féminins, si c'est une femme.

PRONOMS DE SECONDE PERSONNE.

Les pronoms de la seconde personne sont : *tu*, *te*, *toi*, pour le singulier ; *vous*, pour le pluriel. Ces pronoms sont des deux genres : masculins, si c'est un homme à qui l'on parle ; féminins, si c'est à une femme.

Remarque. Le pronom *vous* est des deux nombres : singulier, si l'on ne parle qu'à une seule personne ; pluriel, si l'on parle à plusieurs.

PRONOMS DE LA TROISIÈME PERSONNE.

Les pronoms de la troisième personne sont, pour le masculin singulier, *il*, *lui* et *le* ; pour le pluriel, *ils* ou *eux*, *leur* et *les* ; pour le féminin singulier, *elle*, *lui* et *la* ; pour le pluriel, *elles*, *leur*, *les*.

DU PRONOM *se.*

Le pronom *se* ou *soi* est encore un pronom de la troisième personne ; on l'appelle *pronom réfléchi*, parce qu'il marque la réflexion d'une personne sur elle-même. Il est des deux genres et des deux nombres.

REMARQUE. Les pronoms *me*, *te*, *nous*, *vous* sont pronoms réfléchis, lorsqu'ils sont précédés des pronoms de la même personne, en nominatifs : comme *je me flatte*, *tu te flattes*, *nous nous flattons*, *vous vous flattez*.

DES PRONOMS *en* ET *y*.

Les pronoms *en* et *y* sont des deux genres et des deux nombres : ils s'emploient pour une personne ou une chose dont on vient de parler.

En se met pour *de lui*, *d'elle*, *de cela*; comme quand on dit : *j'en parle*, c'est-à-dire je parle *de lui*, *d'elle*, *de cela.*

Y se met pour *à lui*, *à elle*, *à cela*; comme quand on dit : *j'y pense*, c'est-à-dire je pense *à lui*, *à elle*, *à cela.*

DES PRONOMS POSSESSIFS.

Les pronoms possessifs sont ceux qui désignent la personne à qui appartient la chose exprimée par le nom ; comme *mon livre*, c'est-à-dire *le livre* qui est à moi ; *ton chapeau*, c'est-à-dire *le chapeau* qui est à toi.

On les divise en *pronoms possessifs absolus* et en *pronoms possessifs relatifs* :

Les pronoms possessifs absolus sont toujours joints à un nom, et en déterminent la signification ; ce sont : *mon*, *ton*, *son*, pour le masculin singulier ; *ma*, *ta*, *sa*, pour le féminin singulier ; *mes*, *tes*, *ses*, pour le pluriel, et des deux genres.

Notre, *votre*, *leur*, des deux genres, pour le singulier ; *nos*, *vos*, *leurs*, des deux genres, pour le pluriel.

Mon, *ton*, *son* s'emploient devant un nom masculin, soit qu'il commence par une consonne, une voyelle ou une *h* muette. = EXEMPLE : *mon livre*, *ton éventail*, *son habit*.

Ma, *ta*, *sa* s'emploient devant un nom féminin qui commence par une consonne, ou une *h* aspirée. = EXEMPLE : *ma plume*, *ta robe*, *sa harpe*.

Mais, par *euphonie*, c'est-à-dire pour rendre la prononciation plus douce et plus coulante, on emploie *mon*, *ton*, *son* devant un nom féminin qui commence par une voyelle, ou une *h* muette ; ainsi, on dira *mon affaire*, pour *ma affaire* ; *ton amitié*, pour *ta amitié* ; *son humeur*, pour *sa humeur*.

Mes, *tes*, *ses*, *notre*, *votre*, *leur*, et *nos*, *vos*, *leurs* s'emploient devant un nom masculin, ou féminin ; soit qu'il commence par une consonne, ou une voyelle. = EXEMPLE : *mes livres*, *tes habits*, *ses oranges*, *notre père*, *votre étang*, *leur château*, *nos pères*, *vos étangs*, *leurs châteaux*.

Les pronoms possessifs relatifs sont toujours précédés de l'article déterminatif, et ne sont jamais joints au nom ; mais ils le supposent énoncé auparavant, et en prennent le genre et le nombre. = EXEMPLE : *voilà mon livre*, *où est le tien*. Le *tien* marque une relation au mot *livre*, énoncé auparavant.

Ce sont *le mien*, *le tien*, *le sien*, *le nôtre*, *le vôre*, *le leur*, pour le masculin singulier ; *les* miens, *les tiens*, *les siens*, *les nôtres*, *les vôtres*, *les leurs*, pour le masculin pluriel ; *la mienne*, *la tienne*, *la sienne*, *la nôtre*, *la vôtre*, *la leur*, pour le féminin singulier ; *les miennes*, *les tiennes*, *les siennes*, *les nôtres*, *les vôtres*, *les leurs*, pour le féminin pluriel.

REMARQUE. Les pronoms possessifs relatifs *le nôtre*, *le vôtre*, *la nôtre*, *la vôtre* doivent s'écrire avec l'accent circonflexe sur l'*o*.

Les pronoms possessifs relatifs s'emploient, comme les noms, sous quatre rapports différents.

S I N G U L I E R.

Nominatif.............................. le mien.
Accusatif ou régime simple........... le mien.
Génitif ou régime composé *de*....... du mien.
Datif ou régime composé *à*..... ..... au mien.

P L U R I E L.

Nominatif............................... les miens.
Accusatif ou régime simple........... les miens.
Génitif ou régime composé *de*........ des miens.
Datif ou régime composé *à*........... aux miens.

Les autres pronoms possessifs relatifs s'emploient de la même manière.

DES PRONOMS DEMONSTRATIFS.

Les pronoms démonstratifs sont ceux dont on se sert pour montrer quelque chose, ou pour désigner l'objet de quelque observation. = EXEMPLE. Quand je dis : *cet ouvrage est bien écrit ;* je parle d'un ouvrage que je montre, ou d'un ouvrage dont il est question.

On en distingue de deux sortes : les *pronoms démonstratifs déterminatifs* et les *pronoms démonstratifs elliptiques*.

Les pronoms démonstratifs déterminatifs sont : *ce*, *cet*, pour le masculin singulier ; *cette*, pour le féminin singulier ; *ces*, pour le pluriel des deux genres.

Ce s'emploie devant un nom masculin qui commence par une consonne ou par une *h* aspirée : *ce village, ce hameau*.

Cet s'emploie devant un nom masculin qui commence par une voyelle ou par une *h* muette : *cet oiseau, cet homme*.

Cette s'emploie devant un nom féminin, soit qu'il commence par une consonne, une voyelle ou une *h* muette : *cette femme, cette abeille, cette hirondelle*.

Ces s'emploie devant un nom pluriel masculin ou féminin ; soit qu'il commence par une consonne, une voyelle, ou une *h* muette : *ces villages, ces oiseaux, ces hirondelles*.

Les pronoms démonstratifs elliptiques sont ceux qui supposent un mot sous-entendu, et qu'on supplée facilement ; en effet, quand je dis : *ce qui me touche*, c'est-à-dire *la chose* qui me touche ; *celui que vous aimez*, c'est-à-dire *l'homme* que vous aimez. Ce sont : *ce* qui est des deux genres et des deux nombres : *celui, celui-ci, celui-là* qui s'emploient pour le masculin singulier ; *ceux, ceux-ci, ceux-là*, pour le masculin pluriel ; *celle, celle-ci, celle-là*, pour le féminin singulier ; *celles, celles-ci, celles-là*, pour le féminin pluriel.

Ceci, *cela*, toujours masculins, ne s'emploient point au pluriel.

DES PRONOMS RELATIFS.

Les pronoms relatifs sont : ou *pronoms relatifs simples* ou *pronoms relatifs elliptiques*.

Les pronoms relatifs simples sont ceux qui ont rapport à un nom ou à un autre pronom qui les précède, et qu'on appelle *antécédent*; ce sont *qui*, *que*, *quoi*, *dont*, des deux genres et des deux nombres; *lequel*, pour le masculin singulier; *lesquels*, pour le masculin pluriel; *laquelle*, pour le féminin singulier; *lesquelles*, pour le féminin pluriel. = EXEMPLE. *L'homme qui raisonne*, c'est-à-dire *lequel* homme; *homme* est antécédent *de qui*. *La personne que vous connoissez*, c'est-à-dire *laquelle* personne; *personne* est antécédent de *que*.

EMPLOI DU PRONOM *lequel*.

SINGULIER.

Nominatif......	lequel...............	laquelle.
Accusatif.......	lequel...............	laquelle.
Génitif..........	dont ou duquel.....	de laquelle.
Datif...........	auquel	à laquelle.

PLURIEL.

Nominatif......	lesquels..............	lesquelles.
Accusatif.......	lesquels..............	lesquelles.
Génitif..........	desquels	desquelles.
Datif...........	auxquels..............	auxquelles.

REMARQUE. Les articles déterminatifs ne font qu'un mot avec *quel*. *Dont* s'emploie pour *de qui*, *duquel*, *de laquelle*, *desquels*.

Les pronoms relatifs elliptiques sont les relatifs simples, employés sans antécédent; mais qui supposent un mot sous-entendu, que l'on supplée facilement. En effet, quand je dis: *voilà qui est beau*, c'est-à-dire *voilà une chose qui est belle*; *j'en croirai qui vous voudrez*, c'est-à-dire *celui que vous voudrez*; *je ne sais que répondre*, c'est-à-dire *quelle chose répondre*. On les appelle aussi *pronoms absolus*.

Les pronoms relatifs elliptiques sont appellés *interrogatifs*, lorsqu'on les emploie avec interrogation. = EXEMPLE. *Qui l'aurait cru ?* c'est-à-dire *quelle personne l'aurait cru ? Que faites-vous là ?* c'est-à-dire *quelle chose faites-vous là ? Lequel aimez-vous le mieux ?* c'est-à-dire *quel est celui que vous aimez le mieux ?*

Ainsi, on connoît que *qui*, *que*, *quoi*, *lequel*, *laquelle* sont pronoms relatifs, quand on peut les tourner par *lequel* ou *laquelle*, suivi de leur antécédent ; et qu'ils sont relatifs elliptiques, quand on peut les tourner par *quelle personne* ou *quelle chose*.

REMARQUE. *Où*, *d'où*, *par où* sont pronoms relatifs, quand ils ont rapport à un nom précédent, et qu'on peut les tourner par *dans lequel*, *duquel* et *par lequel*. = EXEMPLE. *La maison où il demeure*, c'est-à-dire *dans laquelle* ; *le pays d'où il sort*, c'est-à-dire *duquel* ; *le chemin par où il a passé*, c'est-à-dire *par lequel*. Ils sont toujours accompagnés de l'accent grave.

DES PRONOMS INDÉFINIS.

Les pronoms indéfinis sont ceux qui ont une signification vague et indéterminée ; comme quand je dis : *on frappe à la porte* ; je parle d'une personne , et je ne désigne pas quelle elle est. Ces pronoms sont : *on ; quiconque , autrui , rien , personne , plusieurs , même , autre , quelqu'un , chacun , nul , tel , l'un , tout* , pour le masculin ; *quelqu'une , chacune , nulle , telle , l'une* , pour le féminin.

Qui que ce soit , qui que ce puisse être , quoi que , pour les deux genres.

CHAPITRE V.

DU VERBE.

LE verbe est un mot dont on se sert pour exprimer l'action , l'impression ou l'état des personnes ou des choses. = EXEMPLE. Quand je dis : *l'enfant mange* ; *mange* , qui exprime l'action de l'enfant, est un verbe. *L'enfant est corrigé* ; *est corrigé* , qui exprime l'impression que l'enfant reçoit , est un verbe. *L'enfant repose* ; *repose* , qui exprime l'état de l'enfant, est un verbe.

Le nominatif du verbe est le nom ou le pronom , auquel on attribue quelque façon d'être , d'agir ou de souffrir. Ainsi, dans les exemples pré-cédens, *enfant* est le nominatif des verbes *mange* , *est corrigé* , et *repose*.

Le verbe doit se mettre au même nombre et à la même personne que son nominatif ; c'est-à-dire que l'on mettra le verbe à la première personne du singulier, si le nominatif est de la première personne du singulier.

Le verbe est ou *simple* ou *composé* :

Le verbe simple est celui dont l'action , l'impression ou l'état s'exprime par un seul mot, comme *commander* , *faire* , *prendre* , *endormir*.

Le verbe composé est le verbe simple, auquel on a ajouté une ou plusieurs lettres , comme *recommander* , &c. ; ou un autre mot avec lequel il forme un sens indivisible , en n'exprimant qu'une seule action, comme *faire semblant* , qui signifie *feindre* ; *prendre garde* , signifiant *veiller*.

Il y a quatre sortes de verbes, soit simples, soit composés : l'*actif*, le *passif*, le *neutre* et le *réfléchi*.

Le verbe actif exprime une action qui s'étend immédiatement à un objet énoncé ou sous-étendu. = EXEMPLE. *Aimer quelqu'un ; aimer* est un verbe actif, dont l'objet est énoncé, qui est *quelqu'un. On le voit toujours manger ; manger* est un verbe actif, dont l'objet est sous-entendu, qui est *quelque chose.*

On connoît qu'un verbe est actif, lorsque l'on peut mettre après lui *quelqu'un* ou *quelque chose.* Ainsi, *aimer*, *manger* sont des verbes actifs ; parce que l'on peut dire *aimer quelqu'un, manger quelque chose.*

Le verbe passif exprime l'impression de l'action que le nominatif reçoit ; comme *l'enfant est corrigé par le père ; enfant* reçoit l'impression de l'action que le verbe exprime.

On connoît qu'un verbe est passif, lorsque *quelqu'un, quelque chose*, est régi par le mot *de* ou *par*, précédé du participe passé, d'un verbe joint au verbe *être*, comme *être chéri de quelqu'un, être battu par quelqu'un.*

Le verbe neutre n'exprime souvent aucune action ; ou il en exprime une qui n'a point d'objet, ou qui n'a qu'un objet médiat. = EXEMPLE.. *Dormir* n'exprime point d'action ; *dîner*, *marcher* expriment des actions qui n'ont point d'objet ; *médire*, *plaire* expriment des actions qui n'ont qu'un objet médiat : on dit *médire de quelqu'un, plaire à quelqu'un.*

On connoît qu'un verbe est neutre, lorsque l'on ne peut pas mettre après lui *quelqu'un* ou *quelque chose.* Ainsi, *dormir, dîner, médire*, sont des verbes neutres ; parce que l'on ne peut pas dire *dormir quelqu'un, dîner quelqu'un,* ni *médire quelqu'un.*

REMARQUE. Un verbe actif peut toujours se tourner au passif, sans altérer le sens de la phrase. = **EXEMPLE.** *J'aime mon père*, on peut dire *mon père est aimé de moi;* ces deux phrases expriment le même sens. Aulieu que le verbe neutre est immuable de sa nature.=**EXEMPLE.** *Le méchant médit de tout le monde;* on ne peut pas dire *tout le monde est médit par le méchant.*

Pour tourner un verbe actif au passif, il faut prendre le régime simple du verbe actif, pour en faire le nominatif du verbe passif; et du nominatif du verbe actif, en faire le régime de *par* ou *de.* = **EXEMPLE.** *Le chat mange la souris;* pour le tourner au passif, *la souris* sera le nominatif du verbe passif; et le *chat*, le régime de *par.* Ainsi, on dira: *la souris est mangée par le chat.*

Le verbe réfléchi est un verbe qui exprime une action ou un état qui se rapporte au nominatif du verbe; de sorte que le nominatif et le régime sont de la même personne. Il s'emploie tantôt dans un sens actif, comme *je me flatte*, c'est-à-dire *je flatte moi; je me nuis*, c'est-à-dire *je nuis à moi;* tantôt dans un sens passif, comme *je m'ennuie*, c'est-à-dire *je suis ennuyé;* tantôt dans un sens neutre, comme *elle s'endort*, c'est-à-dire *elle est dans un état voisin du sommeil.*

On connoît qu'un verbe est réfléchi, lorsque l'objet, étant de la même personne que le nominatif, est représenté par les pronoms *me, te, se, nous, vous;* comme *je me flatte, tu te flattes*, &c.

REMARQUE. Le verbe réfléchi est verbe réciproque, lorsqu'il exprime l'action de plusieurs qui agissent les uns sur les autres; comme *nous nous aidons, nous nous écrivons.*

On connoît qu'un verbe réfléchi est verbe réciproque, lorsque l'on peut mettre après, l'un l'autre, réciproquement. = EXEMPLE. *Nous nous aidons réciproquement*, &c.

Ce verbe ne s'emploie point au singulier.

Les verbes, ainsi que les noms, ont deux nombres : le *singulier* et le *pluriel*. = Le singulier, quand on veut désigner une seule personne ou une seule chose ; comme *j'écris, l'enfant dort.* = Le pluriel, quand on veut désigner plusieurs personnes ou plusieurs choses : *nous écrivons, les enfans dorment.*

Chaque nombre a trois personnes ; ces personnes sont désignées par les pronoms personnels *je, tu, il*, pour le singulier, comme *je lis, tu lis, il lit* ; *nous, vous, ils* pour le pluriel, comme *nous lisons, vous lisez, ils lisent.*

On connoît qu'un mot est verbe, quand on peut mettre devant ce mot les pronoms *je, tu, il, nous, vous, ils* ; comme *je porte, tu portes, il porte,* &c.

Le pronom *il* s'emploie dans deux sens : ou comme personnel lorsque l'on peut mettre un nom à sa place. = EXEMPLE. *Il boit ; il* est personnel, parce qu'on peut dire *un homme boit :* ou comme impersonnel, lorsqu'on ne peut pas mettre un nom à sa place. = EXEMPLE. *Il fait beau tems ; il* est impersonnel, parce qu'on ne peut pas dire *un homme fait beau tems.*

De là, on distingue encore deux sortes de verbes : les *personnels* et les *impersonnels.* = Les personnels sont ceux où le pronom *il* tient la place d'un nom, comme *il écrit ; écrit* est un verbe personnel, parce qu'on peut dire *un homme écrit.* = Les impersonnels sont ceux où le pronom *il* ne tient la place d'aucun nom, comme *il pleut ; pleut* est impersonnel, parce qu'on ne peut pas dire *un homme pleut.*

CHAPITRE VI.

DU PARTICIPE.

LE participe est un mot qui qualifie un objet, par l'idée de la signification du verbe dont il dérive. = EXEMPLE. *L'écolier écrivant, un jardin cultivé ; écrivant* et *cultivé* qualifient les objets *écolier* et *jardin*, par l'idée de la signification des verbes *écrire* et *cultiver*.

On l'appelle participe, parce qu'il tient du verbe et de l'adjectif ; il tient du verbe, en ce qu'il exprime les attributs d'action et d'état : *aimant, dormant*. Il tient de l'adjectif, en ce qu'il qualifie un objet dont il prend le genre et le nombre. = EXEMPLE. *Une ame aimante, une eau dormante ; aimante* et *dormante* sont des participes employés comme adjectifs.

Il y a deux participes : le *participe présent* et le *participe passé*.

Le participe présent qualifie un objet par l'idée d'une qualité active ; comme *l'écolier lisant ; lisant* est participe présent.

REMARQUE. Le participe présent est toujours terminé en *ant : chantant, buvant*, &c.

Le participe passé qualifie un objet par l'idée d'une qualité passive. = EXEMPLE. *Une personne aimée ; aimée* est participe passé.

Les participes passés prennent différentes terminaisons : *aimé, suivi, rendu*, &c.

DE LA CONJUGAISON DES VERBES.

Conjuguer un verbe, c'est le réciter ou l'écrire avec toutes ses différentes terminaisons.

Les différentes terminaisons des verbes forment des *modes*, des *tems*, des *nombres* et des *personnes*.

Les modes sont différentes manières d'employer les verbes, relativement à ce qu'on veut exprimer.

Il y a cinq modes : l'*infinitif*, l'*indicatif*, le *conditionnel*, le *subjonctif* et l'*impératif*.

L'infinitif a une signification vague et indéterminée : il n'a ni nombres, ni personnes ; comme *lire*, *dormir*.

L'indicatif a une signification affirmative et déterminée ; comme *je lis*, *je dors*.

Le conditionnel a une signification conditionnelle ; comme *je lirois, si ; je dormirois, si.*

Le subjonctif est un mode tellement subordonné à un autre, que, sans lui, il ne formeroit pas de sens. = EXEMPLE. *Je voudrois qu'il lût ; qu'il lût* seul et détaché, ne forme aucun sens.

L'impératif exprime la prière, le commandement ; comme quand on dit : *sois sage, lis*, &c.

Les tems sont différentes terminaisons qui marquent, dans les verbes, les tems où se passent les actions dont on parle.

Si l'on compare le temps de l'action au moment de la parole, il n'y a que trois tems : le *présent*, le *passé* et le *futur*.

Le présent exprime une action qui se fait dans le tems où l'on parle ; comme *j'écris présentment*.

Le passé exprime une action qui a été faite avant le tems où l'on parle ; comme *j'ai écrit ce matin*.

Le futur exprime une action qui se fera après le tems où l'on parle ; comme *j'écrirai demain*.

Mais, pour comparer le tems de l'action au tems d'une autre action, on a inventé d'autres tems ; ce sont : l'*imparfait*, le *parfait défini*, le

(45)

parfait indéfini , le *parfait antérieur* , le *plusque-parfait* , le *futur passé* , le *conditionnel présent* et le *conditionnel passé*.

L'imparfait indique une action ou une situation qui étoit présente dans le tems dont on parle : *alors je lisois* , *je lisois* est un imparfait.

Le parfait défini marque une action faite dans un tems précis et déterminé , mais dont il ne reste plus rien à écouler : ainsi , *j'écrivis hier* est un parfait défini , parce que *hier* est un tems déterminé et absolument écoulé.

Le parfait indéfini marque une action faite dans un tems qui n'est ni précis ni déterminé, comme *j'ai écrit* ; ou qui étant déterminé n'est pas entièrement écoulé, comme *j'ai écrit aujourd'hui ; j'ai écrit* est un parfait indéfini, parce qu'*aujourd'hui* est un tems qui dure encore.

Le parfait antérieur marque une action faite avant une autre, dans un tems absolument écoulé : ainsi , *quand j'eus fini* , *je sortis* ; *j'eus fini* est un parfait antérieur.

Le plusque-parfait marque qu'une chose étoit déjà faite quand une autre s'est faite; ainsi , *j'avois fini quand vous êtes venu* ; *j'avois fini* est un plusque-parfait.

Le futur passé marque qu'une chose sera faite, quand une autre se fera : ainsi, *quand j'aurai fini* , *je partirai; j'aurai fini* est un futur passé.

Le conditionnel présent marque qu'une chose se feroit, si une autre arrivoit ; ainsi , *je lirois* , *si; je lirois* est un conditionnel présent.

Le conditionnel passé marque qu'une chose seroit faite si une autre avoit eu lieu; ainsi, *j'aurois lu* est un conditionnel passé.

On dit le subjonctif *présent* ou *futur* ; parce qu'il s'emploie aussi souvent dans le sens de l'un, que dans le sens de l'autre. = EXEMPLE. *Croyez-vous que votre frère vienne ; vienne* marque un présent, si l'on veut dire *que votre frère est en chemin* ; un futur, si l'on veut dire *qu'il viendra*.

La définition des tems du subjonctif est la même que celle des tems pareils de l'indicatif.

Les tems sont *simples* ou *composés*.

Les tems simples sont ceux qui s'expriment par un mot seul, ou précédé du pronom personnel auquel il est joint : *aime*, *j'aime*.

Les tems composés sont ceux qui sont formés du participe passé du verbe que l'on conjugue, joint aux tems simples des verbes auxiliaires *avoir* ou *être* : *j'ai aimé*, *je suis aimé*.

Il y a encore d'autres tems composés, qu'on appelle *sur-composés* ; ils se forment en ajoutant *eu* aux tems composés.═EXEMPLE. *Aussitôt qu'il a eu diné*.

Il y a deux verbes que l'on nomme *auxiliaires*, parce qu'ils servent à former plusieurs tems des autres verbes. Ce sont : *avoir* et *être*.

Conjugaison du verbe avoir.

INFINITIF.	PLUR. *Présentement* Nous avons.
PRÉSENT.	Vous avez.
Avoir.	Ils ont.
PARTICIPE PRÉSENT.	IMPARFAIT.
Ayant.	SING. *Alors* J'avois.
PARTICIPE PASSÉ.	Tu avois.
Eu.	Il avoit.
PARFAIT.	PLUR. *Alors* Nous avions.
Avoir eu.	Vous aviez.
	Ils avoient.
INDICATIF.	PARFAIT DÉFINI.
PRÉSENT.	SING. *Hier* J'eus.
SING. *Présentement* J'ai.	Tu eus.
Tu as.	Il eut.
Il a.	PLUR. *Hier* Nous eûmes.
	Vous eûtes.
	Ils eurent.

PARFAIT INDÉFINI.

Sing. *Aujourd'hui* J'ai eu.
Tu as eu.
Il a eu.
Plur. *Aujourd'hui* Nous avons eu.
Vous avez eu.
Ils ont eu.

PARFAIT ANTÉRIEUR.

Sing. *Aussitôt que* J'eus eu.
Tu eus eu.
Il eut eu.
Plur. *Aussitôt que* Nous eûmes eu.
Vous eûtes eu.
Ils eurent eu.

PLUSQUE - PARFAIT.

Sing. *Alors* J'avois eu.
Tu avois eu.
Il avoit eu.
Plur. *Alors* Nous avions eu.
Vous aviez eu.
Ils avoient eu.

FUTUR.

Sing. *Demain* J'aurai.
Tu auras.
Il aura.
Plur. *Demain* Nous aurons.
Vous aurez.
Ils auront.

FUTUR PASSÉ.

Sing. *Quand* J'aurai eu.
Tu auras eu.
Il aura eu.
Plur. *Quand* Nous aurons eu.
Vous aurez eu.
Ils auront eu.

CONDITIONNEL.
PRÉSENT.

Singulier. J'aurois.
Tu aurois.
Il auroit.
Pluriel. Nous aurions.
Vous auriez.
Ils auroient.

PASSÉ.

Singulier. J'aurois eu.
Tu aurois eu.
Il auroit eu.
Pluriel. Nous aurions eu.
Vous auriez eu.
Ils auroient eu.

SUBJONCTIF.
PRÉSENT.

Sing. *Il faut* Que j'aye.
Que tu ayes.
Qu'il ait.
Plur. *Il faut* Que nous ayons.
Que vous ayez.
Qu'ils aient.

IMPARFAIT.

Sing. *Il faudroit* Que j'eusse.
Que tu eusses.
Qu'il eût.
Plur. *Il faudroit* Que nous eussions.
Que vous eussiez.
Qu'ils eussent.

PARFAIT. -

Sing. *Il a fallu* Que j'aye eu.
Que tu ayes eu.
Qu'il ait eu.
Plur. *Il a fallu* Que nous ayons eu.
Que vous ayez eu.
Qu'ils aient eu.

PLUSQUE - PARFAIT.

S. *Il auroit fallu* Que j'eusse eu.
Que tu eusses eu.
Qu'il eût eu.
Pluriel. Que nous eussions eu.
Que vous eussiez eu.
Qu'ils eussent eu.

IMPÉRATIF.

Singulier. Aye.
Qu'il ait.
Pluriel. Ayons.
Ayez.
Qu'ils aient.

Pour familiariser les écoliers avec ce verbe, on fera bien de le leur faire conjuguer avec un nom ; comme *avoir soin, avoir faim,* &c.

Conjugaison du verbe être.

INFINITIF.

PRÉSENT.

Être.

PARTICIPE PRÉSENT.

Étant.

PARTICIPE PASSÉ.

Été.

PARFAIT.

Avoir été.

INDICATIF.

PRÉSENT.

SINGULIER. Je suis.
Tu es.
Il est.
PLURIEL. Nous sommes.
Vous êtes.
Ils sont.

IMPARFAIT.

SINGULIER. J'étois.
Tu étois.
Il étoit.
PLURIEL. Nous étions.
Vous étiez.
Ils étaient.

PARFAIT DÉFINI.

SINGULIER. Je fus.
Tu fus.
Il fut.
PLURIEL. Nous fûmes.
Vous fûtes.
Ils furent.

PARFAIT INDÉFINI.

SINGULIER. J'ai été.
Tu as été.
Il a été.
PLURIEL. Nous avons été.
Vous avez été.
Ils ont été.

PARFAIT ANTÉRIEUR.

SINGULIER. J'eus été.
Tu eus été.
Il eut été.
PLURIEL. Nous eûmes été.
Vous eûtes été.
Ils eurent été.

PLUSQUE - PARFAIT.

SINGULIER. J'avois été.
Tu avois été.
Il avoit été.
PLURIEL. Nous avions été.
Vous aviez été.
Ils avoient été.

FUTUR.

SINGULIER. Je serai.
Tu seras.
Il sera.
PLURIEL. Nous serons.
Vous serez.
Ils seront.

FUTUR PASSÉ.

SINGULIER. J'aurai été.
Tu auras été.
Il aura été.
PLURIEL. Nous aurons été.
Vous aurez été.
Ils auront été.

CONDITIONNEL.

PRÉSENT.

SINGULIER. Je serois.
Tu serois.
Il seroit.
PLURIEL. Nous serions.
Vous seriez.
Ils seroient.

PASSÉ.

SINGULIER. J'aurois été.
Tu aurois été.
Il auroit été.
PLURIEL. Nous aurions été.
Vous auriez été.
Ils auroient été.

SUBJONCTIF.

SUBJONCTIF.

PRÉSENT.

Singulier. Que je sois.
Que tu sois.
Qu'il soit.
Pluriel. Que nous soyons.
Que vous soyez.
Qu'ils soient.

IMPARFAIT.

Singulier. Que je fusse.
Que tu fusses.
Qu'il fût.
Pluriel. Que nous fussions.
Que vous fus iez.
Qu'ils fussent.

PARFAIT.

Singulier. Que j'aye été.
Que tu ayes été.
Qu'il ait été.

Pluriel. Que nous ayons été?
Que vous ayez été.
Qu'ils aient été.

PLUSQUE - PARFAIT.

Singulier. Que j'eusse été.
Que tu eusses été.
Qu'il eût été.
Pluriel. Que nous eussions été.
Que vous eussiez été.
Qu'ils eussent été.

IMPÉRATIF.

Point de première personne.

Singulier. Sois.
Qu'il soit.
Pluriel. Soyons.
Soyez.
Qu'ils soient.

On fera bien de faire conjuguer ce verbe avec un adjectif; comme *être sage, être prudent*, &c.

Remarque. *Avoir* est verbe auxiliaire, lorsqu'il est joint au participe passé d'un verbe; alors il forme les tems composés : 1.º de lui-même *j'ai eu*; 2.º du verbe *être*, *j'ai été*; 3.º de tous les verbes actifs, *j'ai aimé*; 4.º de la plupart des verbes neutres, *j'ai dormi*; 5.º de tous les verbes impersonnels, *il a plu.*

Être est verbe auxiliaire, lorsqu'il est suivi du participe passé d'un verbe; alors il forme les tems composés : 1.º des verbes passifs dans tous leurs tems, *je suis aimé*; 2.º de la plupart des verbes neutres, *je suis tombé*; 3.º des réfléchis, *je me suis promené.*

DE LA DIVISION DES CONJUGAISONS.

Tous les verbes ne se conjuguent pas de la même manière; leur différence dépend de celle qui se trouve dans. leurs terminaisons, et principalement de celles de l'infinitif.

Les terminaisons de l'infinitif se réduisent à quatre principales ; ce qui établit quatre conjugaisons :

La première comprend les verbes dont l'infinitif est en *er*; comme *aimer*.

La seconde comprend les verbes dont l'infinitif est en *ir*; comme *finir*.

La troisième comprend les verbes dont l'infinitif est en *oir*; comme *recevoir*.

La quatrième comprend les verbes dont l'infinitif est en *re*; comme *rendre*.

TERMINAISON DES TEMS SIMPLES.

Remarquez : 1.° que , si la première personne de l'indicatif présent finit par un *e* muet, on y ajoute une *s* à la seconde, et la troisième est semblable à la première : = *j'aime* , *tu aimes*, *il aime* ; que , si la première finit par *s* ou *x* , la seconde est semblable à la première, et on change *s* ou *x* en *t* à la troisième : = *je finis*, *tu finis*, *il finit* ; = *je veux* , *tu veux*, *il veut* ; mais dans les verbes où l'*s* est précédée de *c*, *d* ou *t*, on retranche seulement l'*s* pour la troisième : = *je convaincs*, *tu convaincs*, *il convainc* ; = *je rends*, *tu rends*, *il rend* ; = *je combats*, *tu combats*, *il combat* ;

2.° Que les troisièmes du pluriel de l'indicatif finissent toujours par *ons* , *ez* , *ent* : = *nous aimons*, *vous aimez*, *ils aiment* ;

3.° Que l'imparfait se termine toujours en *ois* , *ois*, *oit*, *ions*, *iez*, *oient* : = *j'aimois* , *tu aimois*, *il aimoit*, *nous aimions*, *vous aimiez*, *ils aimoient* , .

4.° Que le parfait défini a quatre terminaisons différentes, *ai*, *is*, *us*, *ins* : = *j'aimai*, *tu aimas*, *il aima , nous aimâmes , vous aimâtes, ils aimèrent ; = je finis , tu finis , il finit , nous finimes, vous finites , ils finirent ; = je reçus, tu reçus , il reçut, nous reçûmes, vous reçûtes, ils reçurent ; = je tins, tu tins, il tint , nous tînmes, vous tintes , ils tinrent ;*

5.° Que le futur se termine toujours en *rai, ras , ra , rons , rez , ront : = j'aimerai , tu aimeras, il aimera , nous aimerons , vous aimerez , ils aimeront ;*

6.° Que le conditionnel se termine toujours en *rois, rois, roit, rions, riez, roient : = j'aimerois, tu aimerois , il aimeroit , nous aimerions , vous aimeriez , ils aimeroient ;*

7.° Que le subjonctif se termine toujours en *e, ès, e , ions , iez , ent : = que j'aime , que tu aimes, qu'il aime, que nous aimions , que vous aimiez , qu'ils aiment ;*

8.° Que l'imparfait a quatre terminaisons différentes, *asse, isse , usse , insse : = que j'aimasse , que tu aimasses , qu'il aimât , que nous aimassions , que vous aimassiez, qu'ils aimassent ; = que je finisse , que tu finisses , qu'il finît , que nous finissions , que vous finissiez , qu'ils finissent ; = que je reçusse , que tu reçusses , qu'il reçût , que nous reçussions , que vous reçussiez , qu'ils reçussent ; = que je tinsse , que tu tinsses , qu'il tint , que nous tinssions , que vous tinssiez , qu'ils tinssent.*

Observez : 1.° que la première remarque, sur la terminaison des trois personnes du singulier de l'indicatif, a lieu dans tous les tems, de même que la seconde remarque, sur la terminaison des trois personnes du pluriel ; il faut excepter de cette dernière les deux premières personnes du pluriel du parfait défini, qui se terminent toujours par *es* : ainsi, la seconde personne du singulier a toujours une *s*.à la fin, et la troisième du pluriel *nt* ;

2.° Que l'on met toujours un accent circonflexe sur l'avant-dernière voyelle des deux premières personnes du pluriel du parfait défini : *nous lûmes, vous lûtes* ; sur la dernière de l'imparfait du subjonctif : *qu'il lût* ; et un accent grave sur l'*e* de l'avant-dernière voyelle de la troisième personne du pluriel du parfait défini : *ils aimèrent*.

Pour bien conjuguer un verbe, il faut connoître les tems primitifs , et la manière dont tous les autres en dérivent.

Les tems primitifs sont ceux dont tous les autres tems se forment. Ce sont : *l'infinitif présent*, le *participe présent*, le *participe passé*, le *présent de l'indicatif*, et le *parfait défini*.

De là, on distingue encore trois sortes de verbes : les *réguliers*, les *irréguliers* ou *anomaux*, et les *défectifs*.

Les verbes réguliers sont ceux qui suivent la règle générale de la formation des tems.

Les verbes irréguliers ou anomaux sont ceux qui ne suivent pas la règle générale de la formation des tems.

Les verbes défectifs sont ceux qui ne sont pas usités dans tous leurs tems, ou dans tous leurs modes.

Les irrégularités d'un verbe ne se trouvent que dans les tems simples.

Pour bien conjuguer un verbe régulier, il suffit de connoître les cinq tems primitifs et la manière dont les autres en dérivent.

REGLE DE LA FORMATION DES TEMS.

Les deux premières personnes du pluriel du présent de l'indicatif se forment du participe présent, en changeant *ant* en *ons* et en *ez* :

= aimant, nous aimons, vous aimez ; finissant,
nous finissons, vous finissez ; recevant, nous
recevons, vous recevez ; rendant, nous rendons,
vous rendez.

La troisième personne du pluriel se forme aussi
du participe présent, en changeant *ant* en *ent* :
= aimant, ils aiment ; finissant, ils finissent ;
rendant, ils rendent.

Excepté celle des verbes *acquérir*, *requérir*,
conquérir, *mourir*; ceux dont l'infinitif est en
enir, et ceux dont l'infinitif est en *oir*, où cette
troisième personne se forme du participe présent
et de la troisième personne du singulier du
présent de l'indicatif, dont on retranche la
consonne finale, et on y ajoute la syllabe
finale du participe présent, en changeant *ant*,
lant, *rant*, *vant* en *ent*, *lent*, *rent*, *vent*.

Tenant,	*il tient*,	*ils tiennent.*
Voulant,	*il veut*,	*ils veulent.*
Acquérant,	*il acquiert*,	*ils acquièrent.*
Recevant,	*il reçoit*,	*ils reçoivent.*
Voyant,	*il voit*,	*ils voient.*

Excepté les verbes suivans :

Étant,	*nous sommes*,	*vous êtes*,	*ils sont.*
Ayant,	*nous avons*,	*vous avez*,	*ils ont.*
Sachant,	*nous savons*,	*vous savez*,	*ils savent.*
Faisant,	*nous faisons*,	*vous faites*,	*ils font.*

Et ses composés *défaire* et *contrefaire*.

Disant,	*nous disons*,	*vous dites*,	*ils disent.*
Redisant,	*nous redisons*,	*vous redites*,	*ils redisent.*

Comme on vient de voir la terminaison des
tems, je ne mettrai que la première personne
du tems que l'on forme.

L'imparfait se forme de la première personne
du pluriel du présent de l'indicatif, en changeant
ons en *ois*, &c. : = *Nous aimons*, *nous finissons*,
nous recevons, *nous rendons*. = Imparfait : *J'aimois*, *je finissois*, *je recevois*, *je rendois.*

Le futur se forme du présent de l'infinitif, en changeant *r* ou *re* en *rai*, &c.: = *aimer*, *finir*, *rendre.* = Futur: *j'aimerai, je finirai, je rendrai.* Excepté les verbes dont l'infinitif est en *enir*, où l'on change au futur *enir* en *iendrai*: = *tenir, je tiendrai*; ceux en *voir* en *vrai*: = *recevoir, je recevrai.*

Le conditionnel se forme dans tous les verbes du futur, en changeant *ai* en *ois*: = *j'aimerai, je finirai, je recevrai, je rendrai*; = *j'aimerois, je finirois, je recevrois, je rendrois.*

Le subjonctif se forme de la troisième personne du pluriel du présent de l'indicatif, en retranchant *nt*: = *ils aiment, ils finissent, ils reçoivent, ils rendent*; = *que j'aime, que je finisse, que je reçoive, que je rende.*

Les deux premières personnes du pluriel sont semblables aux mêmes personnes de l'imparfait de l'indicatif: = *nous aimions, vous aimiez; nous finissions, vous finissiez; nous recevions, vous receviez; nous rendions, vous rendiez*; = subjonctif: *que nous aimions, que vous aimiez; que nous finissions, que vous finissiez; que nous recevions, que vous receviez; que nous rendions, que vous rendiez.* Excepté *ils ont, que j'aye; ils peuvent, que je puisse; ils valent, que je vaille; ils veulent, que je veuille; ils savent, que je sache; ils font, que je fasse; ils vont, que j'aille; ils sont, que je sois.*

L'imparfait du subjonctif se forme de la seconde personne du parfait défini, en y ajoutant *se*, et en changeant *s* en *t* à la troisième personne du singulier: = *tu aimas, tu finis, tu reçus, tu rendis*; = *que j'aimasse, que tu aimasses, qu'il aimât*, &c.; = *que je finisse, que tu finisses, qu'il finît*, &c.; = *que je reçusse,* que tu *reçusses*, *qu'il reçût*, &c. ; = *que je rendisse*, *que tu rendisses*, *qu'il rendît*, &c.

L'impératif se forme du présent de l'indicatif, quant à la seconde personne du singulier et aux deux premières du pluriel, en supprimant seulement les pronoms personnels.

Indicatif présent: *j'aime*, *nous aimons*, *vous aimez*. = Impératif: *aime*, *aimons*, *aimez*.

Excepté *j'ai*, impératif *aye* ; *je suis*, impératif *sois* ; *je sais*, impératif *sache* ; *je vais*, impératif *va*.

Les troisièmes personnes sont semblables aux mêmes personnes du subjonctif.

Subjonctif: *qu'il aime*, *qu'ils aiment*. = Impératif: *qu'il aime*, *qu'ils aiment*.

Les tems composés se forment du participe passé du verbe que l'on conjugue, en y ajoutant les tems simples du verbe auxiliaire *avoir* ou *être* : = *j'ai aimé*, *j'ai fini*, *j'ai reçu*, *j'ai rendu* ; = *je suis tombé*, *je suis sorti*, *je suis descendu*.

RÈGLE pour connoître par quelle lettre se termine au masculin le participe passé d'un verbe.

Il faut mettre ce participe au féminin, en le joignant à un nom : on saura que *fini* se termine par un *i*, parce qu'étant joint au mot *messe*, on dit *la messe finie* ; que *écrit* se termine par un *t*, parce qu'on dit *la lettre écrite*. = Excepté *absous*, *dissous*, qui font, au féminin, *absoute*, *dissoute*.

RÈGLE. Les verbes réguliers conservent les lettres radicales des tems primitifs, dans toute leur conjugaison.

On entend, par lettres radicales, celles qui précèdent la finale commune à tous les verbes de la même conjugaison ; ainsi , les lettres radicales des verbes *chanter* et *rendre* sont *chant* et *rend*.

Pour conjuguer un verbe sur un modèle donné , il faut observer quelles sont ses lettres radicales, et y ajouter les terminaisons propres au tems et au verbe que l'on conjugue.

Remarquez : 1.º Que toutes les fois qu'il y a des doubles consonnes à l'infinitif, elles se doublent dans toute la conjugaison ; ainsi , on doublera *f* dans *offrir*, *n* dans *donner* ; mais toutes les fois que les consonnes *l*, *n*, *t* sont les lettres radicales d'un verbe , et qu'elles sont simples à l'infinitif, elles se doublent, lorsqu'elles sont précédées et suivies d'un *e* muet : ainsi , on doublera *l* d'*appeler*, dans *j'appelle* ; *n* de *tenir*, dans *ils tiennent* ; *t* de *jeter*, dans *je jette*, &c. Elles ne se doubleront point , si elles sont précédées ou suivies d'une autre lettre que l'*e* muet: ainsi , on dira *je mêle*, *nous appelons* , &c.

2.º Que, lorsque la consonne radicale d'un verbe est précédée à l'infinitif d'un *é* fermé, cet *e* se change en *è* grave , lorsque la syllabe finale est muette : *révéler*, *je révèle* , &c.

3.º Que le son final de l'é fermé , dans les verbes, s'écrit par *er*, si le verbe est à l'infinitif : *aimer* ; par *é* , s'il est au participe passé : *aimé* ; par *ez* , s'il est à la seconde personne du pluriel : *vous aimez* ; et par *ai*, s'il est à la première personne du singulier : *j'aimai* ; et que le son final de l'è ouvert s'écrit par *ois* : *j'aimois*, &c.

4.º Que le son *an* s'écrit par *an*, dans les verbes dont l'infinitif est en *ander: commander* ; et par *en* , dans les verbes dont l'infinitif est en *dre* : *attendre*.

5.º Que les verbes en *ir* , dont le participe présent est en *sant*, ont deux *ss* au participe présent : *finir*, *finissant* ; mais ceux dont l'infinitif est en *re* n'en ont qu'une : *lire*, *lisant*, excepté *maudire*, qui fait *maudissant* ; et réciproquement les verbes dont le participe présent *zant* ont un *e* muet à l'infinitif ; et ceux dont le participe présent est en *ssant* n'en ont point, excepté *maudire*.

6.º Que les verbes en *cre* à l'infinitif font le participe présent en *quant* : = *vaincre*, *vainquant*.

7.º Que les verbes en *aindre*, *eindre*, *oindre*, ne conservent jamais le *d* au présent de l'indicatif : = *craindre*, *je crains* ; = *feindre*, *je feins* ; = *joindre*, *je joins*.

8.º Que, dans les verbes de la première conjugaison, on doit mettre un *e* avant les finales du futur et du conditionnel : = *je manderai*, *je prierois* ; mais on n'en doit point mettre, dans les mêmes tems des autres conjugaisons ; = *j'attendrai*, *je conclurois*, &c., excepté *cueillir*, qui fait *je cueillerai*, *je cueillerois*.

9.º Que, quand il y a un *i* à la première personne du pluriel du présent de l'indicatif, on doit en mettre deux aux deux premières personnes du pluriel de l'imparfait de l'indicatif et du subjonctif. Indicatif : *nous prions*. Imparfait : *nous priions* ; que s'il y a un *y* on doit mettre un *i* après l'*y* aux mêmes personnes des mêmes tems. Indicatif : *nous croyons*. Imparfait : *nous croyions*, &c.

10.º Que, dans les verbes en *ger*, pour conserver au *g* le son du *j* devant *a*, *o*, il faut mettre un *e* muet après le g : = *juger*, *jugeant*, *nous jugeons*.

11.º Que, dans les verbes où il y a un *y* au participe présent, cet *y* se change en *i*, lorsqu'il est suivi d'un *e* muet, et qu'il n'a pas le son de deux *i* : = *croyant*, *ils croient* ; = *employant*, *j'emploie* ; mais on conserve l'*y*, quand il a le son de deux *i*. Ainsi, on écrira *je grassaye*, *je bégaye*, &c.

12.° Que les verbes de la première conjugaison sont toujours terminés par un *e* muet , au présent de l'indicatif : = *je diminue* , &c.

13.° Que le *c* se conserve dans toutes les conjugaisons où il se trouve à l'infinitif ; mais on y met une cédille dessous, devant *a* , *o* , *u* : = *je commençai, nous forçons, vous reçutes.*

14.° Que dans les verbes en *oître* , on met un accent circonflexe sur l'*i*, ainsi qu'à la troisième personne du singulier de l'indicatif : = *paroître , il paroît.*

Première Conjugaison.

Cette conjugaison comprend les verbes dont l'infinitif est en *er*.

INFINITIF.

PRÉSENT.

Aimer.

PARTICIPE PRÉSENT.

Aimant.

PARTICIPE PASSÉ.

Aimé.

PARFAIT.

Avoir aimé.

INDICATIF.

PRÉSENT.

SINGULIER. J'aime.
Tu aimes.
Il aime.
PLURIEL. Nous aimons.
Vous aimez.
Ils aiment.

IMPARFAIT.

SINGULIER. J'aimois.
Tu aimois.
Il aimoit.
PLURIEL. Nous aimions.
Vous aimiez.
Ils aimoient.

PARFAIT DÉFINI.

SINGULIER. J'aimai.
Tu aimas.
Il aima.
PLURIEL. Nous aimâmes.
Vous aimâtes.
Ils aimèrent.

PARFAIT INDÉFINI.

SINGULIER. J'ai aimé.
Tu as aimé.
Il a aimé.
PLURIEL. Nous avons aimé.
Vous avez aimé.
Ils ont aimé.

PARFAIT ANTÉRIEUR.

SINGULIER. J'eus aimé.
Tu eus aimé.
Il eut aimé.
PLURIEL. Nous eûmes aimé.
Vous eûtes aimé.
Ils eurent aimé.

PLUSQUE-PARFAIT.	**SUBJONCTIF.**

PLUSQUE-PARFAIT.

Singulier. J'avois aimé.
Tu avois aimé.
Il avoit aimé.
Pluriel. Nous avions aimé.
Vous aviez aimé.
Ils avoient aimé.

FUTUR.

Singulier. J'aimerai.
Tu aimeras.
Il aimera.
Pluriel. Nous aimerons.
Vous aimerez.
Ils aimeront.

FUTUR PASSÉ.

Singulier. J'aurai aimé.
Tu auras aimé.
Il aura aimé.
Pluriel. Nous aurons aimé.
Vous aurez aimé.
Ils auront aimé.

CONDITIONNEL.

PRÉSENT.

Singulier. J'aimerois.
Tu aimerois.
Il aimeroit.
Pluriel. Nous aimerions.
Vous aimeriez.
Ils aimeroient.

PASSÉ.

Singulier. J'aurois aimé.
Tu aurois aimé.
Il auroit aimé.
Pluriel. Nous aurions aimé.
Vous auriez aimé.
Ils auroient aimé.

SUBJONCTIF.

PRÉSENT ou FUTUR.

Singulier. Que j'aime.
Que tu aimes.
Qu'il aime.
Pluriel. Que nous aimions.
Que vous aimiez.
Qu'ils aiment.

IMPARFAIT.

Singulier. Que j'aimasse.
Que tu aimasses.
Qu'il aimât.
Pluriel. Que nous aimassions.
Que vous aimassiez.
Qu'ils aimassent.

PARFAIT.

Singulier. Que j'aye aimé.
Que tu ayes aimé.
Qu'il ait aimé.
Pluriel. Que nous ayons aimé.
Que vous ayez aimé.
Qu'ils aient aimé.

PLUSQUE-PARFAIT.

Singul. Que j'eusse aimé.
Que tu eusses aimé.
Qu'il eût aimé.
Pluriel. Que nous eussions aimé.
Que vous eussiez aimé.
Qu'ils eussent aimé.

IMPÉRATIF.

Point de première personne.

Singulier. Aime.
Qu'il aime.
Pluriel. Aimons.
Aimez.
Qu'ils aiment.

Ainsi se conjuguent *parler, commander, révéler, inférer, célébrer, commencer, prier, juger, manger, employer, diminuer, fatiguer, fabriquer, payer, souhaiter, appeler, dételer,* &c.

REMARQUE. *Envoyer, renvoyer,* font, au futur et au conditionnel, *j'enverrai, j'enverrois; je renverrai, je renverrois.*

CONJUGAISON DES VERBES NEUTRES.

Les verbes neutres se conjuguent, dans les tems simples, comme les verbes actifs ; mais, dans les tems composés, les uns prennent l'auxiliaire *avoir* : comme *j'ai dîné* ; d'autres l'auxiliaire *être* : comme *je suis tombé*. Dans ceux-ci, le participe passé prend le genre et le nombre du pronom personnel ; c'est-à-dire que l'on y ajoutera un *e* au féminin, et une *s* au pluriel.

Pour savoir quand un verbe neutre se conjugue avec l'auxiliaire *être*, il faut examiner si l'on peut mettre son participe au féminin, en le joignant à un nom. Ainsi, *tomber* se conjugue avec *être*, parce qu'on peut dire une *femme tombée* ; *dîner* se conjugue avec *avoir*, parce que l'on ne peut pas dire une *femme dînée*.

Comme l'on est déjà familiarisé avec les différentes terminaisons des tems simples, je ne mettrai que les premières personnes de chaque tems simple :

<table>
<tr><td>

INFINITIF.

PRÉSENT.

Tomber.

PARTICIPE PRÉSENT.

Tombant.

PARTICIPE PASSÉ.

Tombé.

PARFAIT.

Être tombé.

INDICATIF.

PRÉSENT.

Je tombe.

</td><td>

IMPARFAIT.

Je tombois.

PARFAIT DÉFINI.

Je tombai.

PARFAIT INDÉFINI.

Singulier. Je suis tombé.
Tu es tombé.
Il est tombé.

Pluriel. Nous sommes tombés.
Vous êtes tombés.
Ils sont tombés.

PARFAIT ANTÉRIEUR.

Singulier. Je fus tombé.
Tu fus tombé.
Il fut tombé.

</td></tr>
</table>

PLURIEL. Nous fumes tombés.
Vous fûtes tombés.
Ils furent tombés.

PLUSQUE - PARFAIT.

SINGULIER. J'étois tombé.
Tu étois tombé.
Il étoit tombé.
PLURIEL. Nous étions tombés.
Vous étiez tombés.
Ils étoient tombés.

FUTUR.

Je tomberai.

FUTUR PASSÉ.

SINGULIER. Je serai tombé.
Tu seras tombé.
Il sera tombé.
PLURIEL. Nous serons tombés.
Vous serez tombés.
Ils seront tombés.

CONDITIONNEL.

PRÉSENT.

Je tomberois.

PASSÉ,

SINGULIER. Je serois tombé.
Tu serois tombé,
Il seroit tombé.

PLURIEL. Nous serions tombés.
Vous seriez tombés.
Ils seroient tombés.

SUBJONCTIF.

PRÉSENT.

Que je tombe.

IMPARFAIT.

Que je tombasse.

PARFAIT.

SING. Que je sois tombé.
Que tu sois tombé.
Qu'il soit tombé.
PLUR. Que nous soyons tombés.
Que vous soyez tombés.
Qu'ils soient tombés.

PLUSQUE - PARFAIT.

SING. Que je fusse tombé.
Que tu fusses tombé.
Qu'il fût tombé.
PLUR. Que nous fussions tombés.
Que vous fussiez tombés.
Qu'ils fussent tombés.

IMPÉRATIF.

Tombe.

Ainsi se conjuguent *entrer, arriver, passer,
monter,* &c.

CONJUGAISON DES VERBES RÉFLÉCHIS.

Les verbes réfléchis suivent la même règle,
dans toutes les conjugaisons. Chaque personne
est toujours précédée de deux pronoms de la
même personne ; comme *je me flatte, tu te flattes,
il se flatte ,* &c.

Ils se conjuguent comme les verbes actifs,
aux tems simples ; et prennent l'auxiliaire *être,*
aux tems composés.

Le participe passé prend le genre et le nombre, lorsque le pronom réfléchi est régime simple. Je ne conjuguerai qu'un tems simple et un tems composé , et je ne mettrai que la première personne des autres tems :

INFINITIF.

PRÉSENT.

Se flatter.

PARTICIPE PRÉSENT.

Se flattant.

PARTICIPE PASSÉ.

Flatté.

PARFAIT.

S'être flatté.

INDICATIF.

PRÉSENT.

Singulier. Je me flatte.
Tu te flattes.
Il se flatte.
Pluriel. Nous nous flattons.
Vous vous flattez.
Ils se flattent.

IMPARFAIT.

Je me flattois.

PARFAIT DÉFINI.

Je me flattai.

PARFAIT INDÉFINI.

Sing. Je me suis flatté.
Tu t'es flatté.
Il s'est flatté.
Plur. Nous nous sommes flattés.
Vous vous êtes flattés.
Ils se sont flattés.

PARFAIT ANTÉRIEUR.

Je me fus flatté.

PLUSQUE-PARFAIT.

Je m'étois flatté.

FUTUR.

Je me flatterai.

FUTUR PASSÉ.

Je me serai flatté.

CONDITIONNEL.

PRÉSENT.

Je me flatterois.

PASSÉ.

Je me serois flatté.

SUBJONCTIF.

PRÉSENT.

Que je me flatte.

IMPARFAIT.

Que je me flattasse.

PARFAIT.

Que je me sois flatté.

PLUSQUE-PARFAIT.

Que je me fusse flatté.

IMPÉRATIF.

Flatte-toi.

CONJUGAISON DU VERBE *aller*.

Aller, allant, allé, je vais, tu vas, il va, nous allons, vous allez, ils vont ; j'allois, j'allai, je suis allé, j'irai, j'irois, que j'aille, que j'allasse, va.

Deuxième Conjugaison.

Cette conjugaison comprend les verbes dont l'infinitif est en *ir* : il y en a de diverses espèces, selon les différentes terminaisons des tems primitifs. J'en écrirai une, et je mettrai les tems primitifs des autres :

INFINITIF.

PRÉSENT.

Finir.

PARTICIPE PRÉSENT.

Finissant.

PARTICIPE PASSÉ.

Fini.

PARFAIT.

Avoir fini.

INDICATIF.

PRÉSENT.

Singulier. Je finis.
Tu finis.
Il finit.
Pluriel. Nous finissons.
Vous finissez.
Ils finissent.

IMPARFAIT.

Singulier. Je finissois.
Tu finissois.
Il finissoit.
Pluriel. Nous finissions.
Vous finissiez.
Ils finissoient.

PARFAIT DÉFINI.

Singulier. Je finis.
Tu finis.
Il finit.
Pluriel. Nous finîmes.
Vous finîtes.
Ils finirent.

PARFAIT INDÉFINI.

Singulier. J'ai fini.
Tu as fini.
Il a fini.
Pluriel. Nous avons fini.
Vous avez fini.
Ils ont fini.

PARFAIT ANTÉRIEUR.

Singulier. J'eus fini.
Tu eus fini.
Il eut fini.
Pluriel. Nous cûmes fini.
Vous eûtes fini.
Ils eurent fini.

PLUSQUE - PARFAIT.

Singulier. J'avois fini.
Tu avois fini.
Il avoit fini.
Pluriel. Nous avions fini.
Vous aviez fini.
Ils avoient fini.

FUTUR.

Singulier. Je finirai.
Tu finiras.
Il finira.
Pluriel. Nous finirons.
Vous finirez.
Ils finiront.

FUTUR PASSÉ.

Singulier. J'aurai fini.
Tu auras fini.
Il aura fini.
Pluriel. Nous aurons fini.
Vous aurez fini.
Ils auront fini.

CONDITIONNEL.

PRÉSENT.

SINGULIER. Je finirois.
Tu finirois.
Il finiroit.
PLURIEL. Nous finirions.
Vous finiriez.
Ils finiroient.

PASSÉ.

SINGULIER. J'aurois fini.
Tu aurois fini.
Il auroit fini.
PLURIEL. Nous aurions fini.
Vous auriez fini.
Ils auroient fini.

SUBJONCTIF.

PRÉSENT.

SINGULIER. Que je finisse.
Que tu finisses.
Qu'il finisse.
PLURIEL. Que nous finissions.
Que vous finissiez.
Qu'ils finissent.

IMPARFAIT.

SINGULIER. Que je finisse.
Que tu finisses.
Qu'il finît.

PLURIEL. Que nous finissions.
Que vous finissiez.
Qu'ils finissent.

PARFAIT.

SINGULIER. Que j'aye fini.
Que tu ayes fini.
Qu'il ait fini.
PLURIEL. Que nous ayons fini.
Que vous ayez fini.
Qu'ils aient fini.

PLUSQUE - PARFAIT.

SINGULIER. Que j'eusse fini.
Que tu eusses fini.
Qu'il eût fini.
PLURIEL. Que nous eussions fini.
Que vous eussiez fini.
Qu'ils eussent fini,

IMPÉRATIF.

Point de première personne.

SINGULIER. Finis.
Qu'ils finissent.
PLURIEL. Finissons.
Finissez.
Qu'ils finissent.

TEMS PRIMITIFS DES AUTRES CONJUGAISONS.

INFIN. PR.	PART. PR.	PART. PAS.	INDIC.	PARFAIT.
Sentir.	Sentant.	Senti.	Je sens.	Je sentis.
Servir.	Servant.	Servi.	Je sers.	Je servis.
Ouvrir.	Ouvrant.	Ouvert.	J'ouvre.	J'ouvris.
Tenir.	Tenant.	Tenu.	Je tiens.	Je tins.
Dormir.	Dormant.	Dormi.	Je dors.	Je dormis.
Se divertir.	Se divertissant.	Diverti.	Je me divertis.	Je me divertis.

Conjuguez de même *avertir*, *guérir*, *mentir*, *offrir*, *souffrir*, *soutenir*, *obtenir*, *bénir*, qui fait, au participe passé, *bénit*, *bénite*, si l'on parle des choses bénites par les prêtres; mais, dans toutes les autres significations, on dit *béni*, *bénie*.

Comme

Comme les verbes neutres et les verbes réfléchis se conjuguent, aux tems simples, ainsi que les verbes actifs, et qu'ils ne présentent aucune difficulté aux tems composés, parce qu'ils suivent la même règle que ceux de la première conjugaison; je ne mettrai plus de conjugaison de ces verbes.

VERBES IRRÉGULIERS ET DÉFECTIFS.

Acquérir, *acquérant*, *acquis*, *j'acquiers*, *j'acquérois*, *j'acquis*, *j'ai acquis*, *j'acquerrai*, *j'acquerrois*, *que j'acquière*, *que j'acquisse*, *acquiers*.

Conquérir se conjugue comme le précédent; mais il n'est point usité au présent de l'indicatif.

Chauvir ne se dit qu'à l'infinitif.

Courir, *courant*, *couru*, *je cours*, *je courois*, *je courus*, *j'ai couru*, *je courrai*, *je courrois*, *que je coure*, *que je courusse*, *cours*. Conjuguez de même ses composés.

Cueillir, *cueillant*, *cueilli*, *je cueille*, *je cueillois*, *je cueillis*, *j'ai cueilli*, *je cueillerai*, *je cueillerois*, *que je cueille*, *que je cueillisse*, *cueille*. Ainsi se conjuguent ses composés.

Ebouillir ne s'emploie qu'à l'infinitif et au participe passé *ébouilli*.

Faillir, *faillant*, *failli*, *je faux*, *je faillois*, *je faillis*, *je faudrai*. (Plusieurs de ces tems sont peu d'usage.)

Férir n'est usité que dans cette phrase : *sans coup férir*.

Fleurir (être en fleur), *fleurissant*, *fleuri*, *il fleurit*, *ils fleurissent*, *il fleurissoit*, *il fleurira*, *il fleuriroit*, *qu'il fleurisse*, *qu'il fleurît*.

Fleurir (parlant des arts), *florissant*, *il florissoit*. Les autres tems comme le précédent.

E

Fuir, fuyant, fui, je *fuis*, jé *fuyois*, je *fuis*, j'ai *fui*, je *fuirai*, je *fuirois*, que je *fuie*, que je *fuisse*, *fuis*.

Bouillir, *bouillant*, *bouilli*, je *bous*, je *bouillois*, je *bouillis*, je *bouillerai*, je *bouillerois*, que je *bouille*, que je *bouillisse*.

Haïr, *haïssant*, *haï*, je *hais* (on prononce je *hès*), je *haïssois*, je *haïs*, j'ai *haï*, je *haïrai*, je *haïrois*, que je *haïsse*, que je *haïsse*, *hais*.

Mourir, *mourant*, *mort*, je *meurs*, je *mourois*, je *mourus*, je suis *mort*, je *mourrai*, je *mourrois*, que je *meure*, que je *mourusse*, *meurs*.

Ouïr n'est plus usité qu'à l'infinitif; au participe passé, *ouï*; au parfait défini, *j'ouïs*; à l'imparfait du subjonctif, *que j'ouïsse*; aux tems composés, *j'ai ouï*.

Partir (signifiant *partager*) n'est usité qu'à l'infinitif.

Quérir n'est d'usage qu'à l'infinitif.

Partir (aller), *partant*, *parti*, je *pars*, je *partis*, je suis *parti*.

Repartir (partir de nouveau) se conjugue comme *partir*.

Repartir (répondre) se conjugue comme *partir*, mais avec l'auxiliaire *avoir*: = il a *reparti*.

Répartir (signifiant partager), *répartissant*, *réparti*, je *répartis*, je *répartissois*, je *répartis*, j'ai *réparti*, je *répartirai*, je *répartirois*, que je *répartisse*, que je *répartisse*, *répartis*.

Saillir (jaillir), *saillissant*, *sailli*, je *saillis*, je *saillissois*, je *saillis*, j'ai *sailli*, je *saillirai*, je *saillirois*, que je *saillisse*, que je *saillisse*, *saillis*.

Saillir (en parlant des animaux) se conjugue comme le précédent.

Saillir (avancer en dehors) n'est d'usage qu'à l'infinitif et à la troisième personne de quelques tems : *il saille, il sailloit, il saillera, il sailleroit, qu'il saille, qu'il saillît.*

Défaillir, à l'indicatif présent , n'est plus usité qu'au pluriel : *nous défaillons, vous défaillez , ils défaillent , je défaillois , je défaillis , j'ai défailli.*

Sortir (passer dehors), *sortant, sorti, je sors, je sortis.* = *Ressortir* (sortir de nouveau) se conjugue comme *sortir*: *je ressors*, &c.

. *Sortir* (signifiant *obtenir*, terme de palais), *sortissant , sorti , je sortis , je sortissois , je sortirai , je sortirois, que je sortisse.* (Il n'est d'usage qu'en quelques-uns de ses tems.)

Ressortir (signifiant être de la dépendance de quelque juridiction), *ressortissant, ressorti , je ressortis , je ressortissois , je ressortis, je ressortirai , je ressortirois, que je ressortisse, que je ressortisse.*

Tressaillir, tressaillant, tressailli, je tressaille, je tressaillois, je tressaillis , je tressaillerai , je tressaillerois, que je tressaille, que je tressaillisse, tressaille. = *Assaillir* se conjugue de même.

Vêtir, vêtant, vêtu, je vêts , je vêtois, je vêtis , j'ai vêtu , je vêtirai, je vêtirois, que je vête, que je vêtisse, vêts ; et les composés de *vêtir.*

Jaillir, jaillissant , jailli (il n'est usité qu'à l'infinitif et aux troisièmes personnes), *il jaillit, ils jaillissent.* = *Rejaillir* se conjugue de même.

Troisième Conjugaison.

Cette conjugaison comprend les verbes dont l'infinitif est en *oir.*

<table>
<tr><td>

INFINITIF.

PRÉSENT.

Recevoir.

PARTICIPE PRÉSENT.

Recevant.

PARTICIPE PASSÉ.

Reçu.

</td><td>

PARFAIT.

Avoir reçu.

INDICATIF.

PRÉSENT.

Singulier. Je reçois.
Tu reçois.
Il reçoit.

</td></tr>
</table>

Pluriel. Nous recevons.
Vous recevez.
Ils reçoivent.

IMPARFAIT.

Singulier. Je recevois.
Tu recevois.
Il recevoit.
Pluriel. Nous recevions.
Vous receviez.
Ils recevoient.

PARFAIT DÉFINI.

Singulier. Je reçus.
Tu reçus.
Il reçut.
Pluriel. Nous reçûmes.
Vous reçûtes.
Ils reçurent.

PARFAIT INDÉFINI.

Singulier. J'ai reçu.
Tu as reçu.
Il a reçu.
Pluriel. Nous avons reçu.
Vous avez reçu.
Ils ont reçu.

PARFAIT ANTÉRIEUR.

Singulier. J'eus reçu.
Tu eus reçu.
Il eut reçu.
Pluriel. Nous eûmes reçu.
Vous eûtes reçu.
Ils eurent reçu.

PLUSQUE - PARFAIT.

Singulier. J'avois reçu.
Tu avois reçu.
Il avoit reçu.
Pluriel. Nous avions reçu.
Vous aviez reçu.
Ils avoient reçu.

FUTUR.

Singulier. Je recevrai.
Tu recevras.
Il recevra.
Pluriel. Nous recevrons.
Vous recevrez.
Ils recevront,

FUTUR PASSÉ.

Singulier. J'aurai reçu.
Tu auras reçu.
Il aura reçu.
Pluriel. Nous aurons reçu.
Vous aurez reçu.
Ils auront reçu.

CONDITIONNEL.

PRÉSENT.

Singulier. Je recevrois.
Tu recevrois.
Il recevroit.
Pluriel. Nous recevrions.
Vous recevriez.
Ils recevroient.

PASSÉ.

Singulier. J'aurois reçu.
Tu aurois reçu.
Il auroit reçu.
Pluriel. Nous aurions reçu.
Vous auriez reçu.
Ils auroient reçu.

SUBJONCTIF.

PRÉSENT.

Singulier. Que je reçoive.
Que tu reçoives.
Qu'il reçoive.
Pluriel. Que nous recevions.
Que vous receviez.
Qu'ils reçoivent.

IMPARFAIT.

Singulier. Que je reçusse.
Que tu reçusses.
Qu'il reçût.
Pluriel. Que nous reçussions.
Que vous reçussiez.
Qu'ils reçussent.

PARFAIT.

Singulier. Que j'aye reçu.
Que tu ayes reçu.
Qu'il ait reçu.
Pluriel. Que nous ayons reçu.
Que vous ayez reçu.
Qu'ils aient reçu.

PLUSQUE - PARFAIT.	IMPÉRATIF.

PLUSQUE - PARFAIT.

SINGUL. Que j'eusse reçu.
Que tu eusses reçu.
Qu'il eût reçu.

PLURIEL. Que nous eussions reçu.
Que vous eussiez reçu.
Qu'ils eussent reçu.

IMPÉRATIF.

Point de première personne.

SINGULIER. Reçois.
Qu'il reçoive.

PLURIEL. Recevons.
Recevez.
Qu'ils reçoivent.

Conjuguez ainsi *appercevoir*, *concevoir*, *percevoir*; *devoir* fait au participe passé *dû*.

VERBES IRRÉGULIERS ET DÉFECTIFS.

Apparoir n'est usité qu'à l'infinitif et à la troisième personne du singulier de l'indicatif: *il appert*.

Asseoir, asseyant, assis, j'assieds, j'asseyois, j'assis, je suis assis, j'assierai ou *j'asseyerai, j'assierois* ou *j'asseyerois, que j'asseye, que j'assisse, assieds.*=Conjuguez de même *s'asseoir.*

Choir ne se dit qu'à l'infinitif et au participe passé : *chu.*

Comparoir et *condouloir* ne sont usités qu'à l'infinitif.

Déchoir, déchoyant, déchu, je déchois, ils déchoient, je déchus, je suis déchu, je décherrai, je décherrois, que je déchoie, que je déchusse.

Echoir, échéant, échu, il échoit (on prononce quelquefois *il échet*) seule personne en usage à l'indicatif, *j'échus, je suis échu, j'écherrai, j'écherrois, qu'il échoie, que j'échusse.*

Seoir (être assis) n'est plus d'usage qu'au participe présent : *séant;* et au participe passé : *sis.*

Seoir (être convenable) n'étant plus usité à l'infinitif, il ne s'emploie que dans certains tems, à la troisième personne : *il sied, ils siéent, il seyoit, il siéra, il siéroit, seyant.* (Il n'a point de tems composés.)

Messeoir (ne pas convenir) n'est plus d'usage à l'infinitif, et s'emploie dans les mêmes tems que *seoir*.

Mouvoir, mouvant, mu, je meus, je mouvois, je mus, j'ai mu, je mouvrai, je mouvrois, que je meuve, que je musse, meus.

Voir, voyant, vu, je vois, je voyois, je vis, j'ai vu, je verrai, je verrois, que je voie, que je visse, vois.

Pourvoir se conjugue comme *voir*, excepté au parfait défini où il fait *je pourvus*, et au futur *je pourvoirai*. Le reste est régulier.

Prévoir se conjugue aussi comme *voir*, excepté au futur, où il fait *je prévoirai*, &c.

Pouvoir, pouvant, pu, je puis ou *je peux, je pouvois, je pus, j'ai pu, je pourrai, je pourrois, que je puisse, que je pusse.*

Valoir, valant, valu, je vaux, je valois, je valus, j'ai valu, je vaudrai, je vaudrois, que je vaille, que je valusse, vaux, valez.

Prévaloir se conjugue comme *valoir*, excepté au subjonctif, où il fait *que je prévale*.

Ravoir n'est usité qu'à l'infinitif.

Savoir, sachant, su, je sais, nous savons, je savois, je sus, j'ai su, je saurai, je saurois, que je sache, que nous sachions, que vous sachiez, qu'ils sachent, que je susse, sache, sachons, sachez.

Souloir (avoir coutume) ne s'emploie qu'à l'imparfait, *il souloit*.

Surseoir, sursoyant (n'est usité qu'en termes de palais), *sursis, je sursois, je sursoyois, je sursis, j'ai sursis, je sursoierai, je sursoierois, que je sursisse*. Les autres temps ne sont pas d'usage.

Vouloir, voulant, voulu, je veux, je voulois, je voulus, j'ai voulu, je voudrai, je voudrois, que je veuille, que je voulusse.

Pleuvoir, plu, il pleut, il pleuvoit, il plut, il a plu, il pleuvra, il pleuvroit, qu'il pleuve, qu'il plût.

Quatrième Conjugaison.

Cette conjugaison comprend les verbes dont l'infinitif est en *re* : elle se divise en conjugaisons, selon la différente terminaison des tems primitifs. J'en détaillerai une , et je mettrai les tems primitifs des autres.

INFINITIF.

PRÉSENT.

Plaire.

PARTICIPE PRÉSENT.

Plaisant.

PARTICIPE PASSÉ.

Plu.

PARFAIT.

Avoir plu.

INDICATIF.

PRÉSENT.

Singulier. Je plais.
Tu plais.
Il plaît.
Pluriel. Nous plaisons.
Vous plaisez.
Ils plaisent.

IMPARFAIT.

Singulier. Je plaisois.
Tu plaisois.
Il plaisoit.
Pluriel. Nous plaisions.
Vous plaisiez.
Ils plaisoient.

PARFAIT DÉFINI.

Singulier. Je plus.
Tu plus.
Il plut.
Pluriel. Nous plûmes.
Vous plûtes.
Ils plurent.

PARFAIT INDÉFINI.

Singulier. J'ai plu.
Tu as plu.
Il a plu.
Pluriel. Nous avons plu.
Vous avez plu.
Ils ont plu.

PARFAIT ANTÉRIEUR.

Singulier. J'eus plu.
Tu eus plu.
Il eut plu.
Pluriel. Nous eûmes plu.
Vous eûtes plu.
Ils eurent plu.

PLUSQUE-PARFAIT.

Singulier. J'avois plu.
Tu avois plu.
Il avoit plu.
Pluriel. Nous avions plu.
Vous aviez plu.
Ils avoient plu.

FUTUR.

Singulier. Je plairai.
Tu plairas.
Il plaira.
Pluriel. Nous plairons.
Vous plairez.
Ils plairont.

FUTUR PASSÉ.

Singulier. J'aurai plu.
Tu auras plu.
Il aura plu.
Pluriel. Nous aurons plu.
Vous aurez plu.
Ils auront plu.

CONDITIONNEL.

PRÉSENT.

Singulier. Je plairois.
Tu plairois.
Il plairoit.
Pluriel. Nous plairions.
Vous plairiez.
Ils plairoient.

PASSÉ.

Singulier. J'aurois plu.
Tu aurois plu.
Il auroit plu.
Pluriel. Nous aurions plu.
Vous auriez plu.
Ils auroient plu.

SUBJONCTIF.

PRÉSENT ou FUTUR.

Singulier. Que je plaise.
Que tu plaises.
Qu'il plaise.
Pluriel. Que nous plaisions.
Que vous plaisiez.
Qu'ils plaisent.

IMPARFAIT.

Singulier. Que je plusse.
Que tu plusses.
Qu'il plût.
Pluriel. Que nous plussions.
Que vous plussiez.
Qu'ils plussent.

PARFAIT.

Singulier. Que j'aye plu.
Que tu ayes plu.
Qu'il ait plu.
Pluriel. Que nous ayons plu.
Que vous ayez plu.
Qu'ils aient plu.

PLUSQUE-PARFAIT.

Singulier. Que j'eusse plu.
Que tu eusses plu.
Qu'il eût plu.
Pluriel. Que nous eussions plu.
Que vous eussiez plu.
Qu'ils eussent plu.

IMPÉRATIF.

Point de première personne.

Singulier. Plais.
Qu'il plaise.
Pluriel. Plaisons.
Plaisez.
Qu'ils plaisent.

TEMS PRIMITIFS.

Infin. pr.	Part. pr.	Part. pas.	Indic. pr.	Parf. dép.
Battre.	Battant.	Battu.	Je bats.	Je battis.
Coudre.	Cousant.	Cousu.	Je couds.	Je cousis.
Connoître.	Connoissant.	Connu.	Je connois.	Je connus.
Naître.	Naissant.	Né.	Je nais.	Je naquis.
Lire.	Lisant.	Lu.	Je lis.	Je lus.
Rire.	Riant.	Ri.	Je ris.	Je ris.
Dire.	Disant.	Dit.	Je dis.	Je dis.
Maudire.	Maudissant.	Maudit.	Je maudis.	Je maudis.
Écrire.	Écrivant.	Écrit.	J'écris.	J'écrivis.
Suffire.	Suffisant.	Suffi.	Je suffis.	Je suffis.
Conduire.	Conduisant.	Conduit.	Je conduis.	Je conduisis.
Boire.	Buvant.	Bu.	Je bois.	Je bus.
Croire.	Croyant.	Cru.	Je crois.	Je crus.
Croître.	Croissant.	Crû.	Je crois.	Je crus.

INFIN. PR.	PART. PR.	PART. PAS.	INDIC. PR.	PARF. DÉF.
Craindre.	Craignant.	Craint.	Je crains.	Je craignis.
Oindre.	Oignant.	Oint.	J'oins.	J'oignis.
Rendre.	Rendant.	Rendu.	Je rends.	Je rendis.
Moudre.	Moulant.	Moulu.	Je mouds.	Je moulus.
Prendre.	Prenant.	Pris.	Je prends.	Je pris.
Vaincre.	Vainquant.	Vaincu.	Je vaincs.	Je vainquis.
Rompre.	Rompant.	Rompu.	Je romps.	Je rompis.
Faire.	Faisant.	Fait.	Je fais.	Je fis.
Mettre.	Mettant.	Mis.	Je mets.	Je mis.
Vivre.	Vivant.	Vécu.	Je vis.	Je vécus.
Suivre.	Suivant.	Suivi.	Je suis.	Je suivis.
Exclure.	Excluant.	Exclu, ue, *ou* us-use.	J'exclus.	J'exclus.
Conclure.	Concluant.	Conclu.	Je conclus.	Je conclus.

VERBES IRRÉGULIERS.

Soudre n'est usité qu'à l'infinitif.

Absoudre, absolvant, absous, j'absous, j'ab-
solvois (point de parfait défini, ni d'imparfait
du subjonctif), *j'ai absous, j'absoudrai, j'ab-*
soudrois, que j'absolve.

Braire n'est usité qu'à l'infinitif et aux troisièmes personnes des tems suivans : *il brait, ils*
braient, il braira, il brairoit.

Bruire n'est usité qu'à l'infinitif et à la troisième personne de l'imparfait : *il bruyoit.*

Circoncire (point de participe présent),
circoncis, je circoncis, nous circoncisons, je
circoncisois, je circoncis, je circoncirai, je cir-
concirois, que je circoncise, que je circoncisse,
circoncis.

Confire, confisant, confit, je confis, je confisois,
je confis, j'ai confit, je confirai, je confirois,
que je confise, que je confisse.

Faire, faisant, fait, je fais, nous faisons,
vous faites, ils font, je faisois, je fis, j'ai fait,
je ferai, je ferois, que je fasse, que je fisse.

Clorre, ce verbe n'est d'usage qu'au participe
passé, *clos*; aux troisièmes personnes du singulier de l'indicatif, *je clos, tu clos, il clôt,*
je clorrai, je clorrois, j'ai clos.

Enclorre et *renclorre* se conjuguent de la même manière.

Eclore n'est d'usage qu'à l'infinitif et aux troisièmes personnes de quelques tems : *il éclôt, ils éclosent, il éclora, ils écloront, il écloroit, ils écloroient, qu'il éclose, qu'ils éclosent* (il forme ses tems composés avec l'auxiliaire *être*), *il est éclos.*

Forclorre (terme de palais) n'est d'usage qu'à l'infinitif ; au participe passé, *forclos* ; et aux tems composés, *il a été forclos.*

Frire.. $=$ *Je fris, tu fris, il frit*, sans pluriel ni imparfait ; *j'ai frit, je frirai, je frirois, fris.*

Luire, luisant, lui, je luis. Point de parfait, ni d'imparfait du subjonctif : le reste est régulier.

Paître, paissant, pu, je pais, je paissois (point de parfait, ni d'imparfait du subjonctif), *je paîtrai, je paîtrois, que je paisse.*

Poindre n'est usité qu'à l'infinitif.

Recourre n'est usité qu'à l'infinitif et au participe passé, *recous.*

Résoudre, résolvant, résolu ou *résous*, si l'on parle de choses qui se convertissent en d'autres ; *je résous, je résolvois, je résolus, je résoudrai, je résoudrois, que je résolve, que je résolusse, résous-toi.*

Semondre n'est usité qu'à l'infinitif.

Traire, trayant, trait, je trais, je trayois (point de parfait défini); parfait indéfini, *j'ai trait, je trairai, je trairois, que je traye.*

REMARQUE. Il y a des verbes neutres qui se conjuguent indifféremment avec l'auxiliaire *avoir* ou l'auxiliaire *être*; tels sont : *accourir, périr, contrevenir, comparoître, disparoître, croître, décroître, accroître, recroître, résulter,* Qu'a-t-il résulté de là ? Qu'en est-il résulté ? (*Acad.*) D'autres prennent *avoir* ou *être*, suivant la manière dont ils sont employés. *Convenir*, signifiant *être convenable*, prend *avoir*: *ce jardin vous auroit convenu.* Il prend *être*, quand il signifie *être d'accord*: *ils sont convenus du prix.*

Demeurer (signifiant faire sa demeure) prend *avoir*: *j'ai demeuré à la campagne*; mais, quand il signifie *rester*, il prend *être*: *il est demeuré en chemin*; *la victoire nous est demeurée.*

Échapper (signifiant *évader*) prend *avoir*: *il a échappé à la gendarmerie*; mais il prend *être* ou *avoir* quand il signifie *n'être pas saisi* ou *apperçu*: *le cerf a échappé* ou *est échappé aux chiens.* (Acad.)

Etre échappé ou *avoir échappé* ont un sens bien différent. Le premier désigne une chose faite par inadvertance ou oubli, *ce mot m'est échappé : ce que je voulois dire m'a échappé ;* signifie j'ai oublié ce que je voulois dire. (*Acad.*)

Cesser, ayant un régime, prend *avoir*; mais, s'il n'a pas de régime, il prend *être* ou *avoir*: *la fièvre a cessé* ou *est cessée.* (Acad.)

Monter, descendre, ayant un régime simple, prennent *avoir* : *il a monté l'escalier, on a descendu plusieurs passagers dans cette isle ;* mais, n'ayant point de régime, ils prennent *avoir* ou *être* : *le blé a monté* ou *est monté jusqu'à vingt francs, il étoit monté, il est descendu, le baromètre a descendu.* (Acad.)

Passer, ayant un régime simple, prend *avoir*: *j'ai passé la rivière.* == *Passer*, ayant un régime composé, prend *avoir* ou *être* : *il a passé le long de la muraille, il est passé de l'autre côté de l'eau, la fantaisie m'en est passée, la faim lui a passé*; mais, s'il n'a point de régime, il prend *être* : *la belle saison est passée.* (Acad.)

Sortir, ayant un régime simple, prend *avoir*: *on l'a sorti d'une mauvaise affaire* ; mais, n'ayant point de régime simple , il prend *être* : *il est sorti de prison.*

Subvenir prend l'auxiliaire *avoir* : *on a subvenu à ses besoins*, et non pas *on est subvenu.* (Acad.)

Tomber se conjugue toujours avec *être.*

Nota. On emploie quelquefois les tems passés du verbe *être*, pour ceux d'*aller*; mais on ne doit s'en servir que pour dire qu'on est allé dans un endroit , et qu'on en est revenu : *j'ai été à Rome.* Si on ne marque point de retour, on doit se servir d'*aller*: *il est allé à Rome.*

Conjugaison des verbes passifs.

Il n'y a qu'une conjugaison pour tous les verbes passifs. Elle se fait avec l'auxiliaire *être*, dans tous ses tems, joint au participe passé du verbe que l'on conjugue : *être aimé, être fini, être reçu, être rendu.*

Le participe passé suit la même règle que dans les verbes neutres qui se conjuguent avec *être.*

INFINITIF.

PRÉSENT.

Être aimé.

PARTICIPE PRÉSENT.

Étant aimé.

PARTICIPE PASSÉ.

Ayant été aimé.

PARFAIT.

Avoir été aimé.

INDICATIF.

PRÉSENT.

Singulier. Je suis aimé.
Tu es aimé.
Il est aimé.

Pluriel. Nous sommes aimés.
Vous êtes aimés.
Ils sont aimés.

IMPARFAIT.

Singulier. J'étois aimé.
Tu étois aimé.
Il étoit aimé.

Pluriel. Nous étions aimés.
Vous étiez aimés.
Ils étoient aimés.

PARFAIT DÉFINI.

Singulier. Je fus aimé.
Tu fus aimé.
Il fut aimé.

Pluriel. Nous fûmes aimés.
Vous fûtes aimés.
Ils furent aimés.

PARFAIT INDÉFINI.

Singulier. J'ai été aimé.
Tu as été aimé.
Il a été aimé.
Pluriel. Nous avons été aimés.
Vous avez été aimés.
Ils ont été aimés.

PARFAIT ANTÉRIEUR.

Singulier. J'eus été aimé.
Tu eus été aimé.
Il eut été aimé.
Pluriel. Nous eûmes été aimés.
Vous eûtes été aimés.
Ils eurent été aimés.

PLUSQUE-PARFAIT.

Singulier. J'avois été aimé.
Tu avois été aimé.
Il avoit été aimé.
Pluriel. Nous avions été aimés.
Vous aviez été aimés.
Ils avoient été aimés.

FUTUR.

Singulier. Je serai aimé.
Tu seras aimé.
Il sera aimé.
Pluriel. Nous serons aimés.
Vous serez aimés.
Ils seront aimés.

FUTUR PASSÉ.

Singulier. J'aurai été aimé.
Tu auras été aimé.
Il aura été aimé.
Pluriel. Nous aurons été aimés.
Vous aurez été aimés.
Ils auront été aimés.

CONDITIONNEL.

PRÉSENT.

Singulier. Je serois aimé.
Tu serois aimé.
Il seroit aimé.
Pluriel. Nous serions aimés.
Vous seriez aimés.
Ils seroient aimés.

PASSÉ.

Sing. J'aurois été aimé.
Tu aurois été aimé.
Il auroit été aimé.
Plur. Nous aurions été aimés.
Vous auriez été aimés.
Ils auroient été aimés.

SUBJONCTIF.

PRÉSENT.

Sing. Que je sois aimé.
Que tu sois aimé.
Qu'il soit aimé.
Plur. Que nous soyons aimés.
Que vous soyez aimés.
Qu'ils soient aimés.

IMPARFAIT.

Sing. Que je fusse aimé.
Que tu fusses aimé.
Qu'il fût aimé.
Plur. Que nous fussions aimés.
Que vous fussiez aimés.
Qu'ils fussent aimés.

PARFAIT.

Sing. Que j'aye été aimé.
Que tu ayes été aimé.
Qu'il ait été aimé.
Plur. Que nous ayons été aimés.
Que vous ayez été aimés.
Qu'ils aient été aimés.

PLUSQUE-PARFAIT.

Sing. Que j'eusse été aimé.
Que tu eusses été aimé.
Qu'il eût été aimé.
Plur. Que nous eussions été aimés.
Que vous eussiez été aimés.
Qu'ils eussent été aimés.

IMPÉRATIF.

Point de première personne.

Singulier. Sois aimé.
Qu'il soit aimé.
Pluriel. Soyons aimés.
Soyez aimés.
Qu'ils soient aimés.

Conjuguez de même *être fini, être reçu,* &c.

Conjugaison des verbes impersonnels.

Les verbes impersonnels se conjuguent comme les verbes actifs, avec *avoir*; mais ils ne s'emploient qu'à la troisième personne du singulier.

INFINITIF.

PRÉSENT

Falloir.

PARTICIPE PASSÉ.

Fallu.

INDICATIF.

PRÉSENT.

Il faut.

IMPARFAIT.

Il falloit.

PARFAIT DÉFINI.

Il fallut.

PARFAIT INDÉFINI.

Il a fallu.

PARFAIT ANTÉRIEUR.

Il eut fallu.

PLUSQUE-PARFAIT.

Il avoit fallu.

FUTUR.

Il faudra.

FUTUR PASSÉ.

Il aura fallu.

CONDITIONNEL.

PRÉSENT.

Il faudroit.

PASSÉ.

Il auroit fallu.

SUBJONCTIF.

PRÉSENT.

Qu'il faille.

IMPARFAIT.

Qu'il fallût.

PARFAIT.

Qu'il ait fallu.

PLUSQUE-PARFAIT.

Qu'il eût fallu.

Conjuguez de même *il importe, il plaît*, &c.

CHAPITRE VII.

DE L'ADVERBE.

L'ADVERBE est un mot invariable, qui sert à modifier la signification du verbe ou de l'adjectif, ou même de l'adverbe. = EXEMPLE. *Il faut s'occuper utilement, ce dessein est parfaitement beau, cet enfant parle très-distinctement.* Les mots *s'occuper, beau* et *distinctement* sont modifiés par les adverbes *utilement, parfaitement* et *très.*

Les adverbes sont, ou *simples* ou *composés:* les simples n'ont qu'un mot.

Il y a plusieurs sortes d'adverbes:

1.° Les adverbes d'ordre et de rang: *premièrement, secondement, d'abord, ensuite, après, devant, derrière, auparavant, ensemble.*

2.° Les adverbes de comparaison: *comme, ainsi, aussi, plus, moins, très, fort, autant, bien, si, pis, mieux.*

3.° Les adverbes de tems: *hier, aujourd'hui, autrefois, demain, bientôt, quelquefois, d'ordinaire, dorénavant, jamais, toujours, souvent, tôt, tard, matin.*

4.° Les adverbes de lieu: *où, ici, là, y, delà, deçà, dessus, partout, autour, près, loin, dedans, dehors.*

5.° Les adverbes de quantité: *assez, trop, peu, beaucoup, guère ou guères, davantage, autant, tant, presque, encore, tout-à-fait.*

6.° Les adverbes d'affirmation, de négation et de doute: *oui, certes, non, ne pas, ne point, non pas, nullement, peut-être,* &c.

7.º Les adverbes de manière ou de qualité : *bien*, *mal*, *modestement*, *sagement*.

La plupart des adverbes de manière sont terminés en *ment*, et se forment des adjectifs :

1.º De la terminaison masculine en y ajoutant *ment*, quand l'adjectif se termine au masculin par une voyelle, comme *vraiment* de *vrai*, *sagement* de *sage*, *ingénument* d'*ingénu*, *poliment* de *poli*, &c.

REMARQUE. Dans les adverbes suivans, l'*e* muet qui précède *ment* se change en *é* fermé : *aveuglément*, *commodément*, *conformément*, *énormément*, *incommodément*, *opiniatrément*, *expressément*;

2.º De la terminaison féminine, en y ajoutant *ment*, quand l'adjectif se termine au masculin par une consonne, comme *grand*, *grande*, *grandement*, *franc*, *franche*, *franchement*, &c.

3.º Les adjectifs terminés en *ant*, *ent*, changent *nt* en *amment* et *emment* : *constant*, *constamment*; *élégant*, *élégamment*; *diligent*, *diligemment*; *prudent*, *prudemment*, &c.

Il y a quelques adverbes terminés en *ment*, qui ne viennent pas des adjectifs ; ce sont *comment*, *incessamment*, *momentanément*, *nuitamment*, *sciemment*.

Il y a des adjectifs qui sont quelquefois pris adverbialement, comme quand on dit *chanter juste*, *voir clair*, *double*, *trouble*, *frapper fort*, *filer doux*.

Il y a aussi des noms qui s'emploient adverbialement, comme *chanter bien*, *lire mal*, *parler raison*, &c.

L'adverbe composé ou *l'expression adverbiale* est la réunion de plusieurs mots, qui, étant joints ensemble, ont la signification de l'adverbe : *à contre-tems contre-tems* , *tout-à-coup* , *sens dessus dessous* , sont des expressions adverbiales.

En général , on connoît qu'un ou plusieurs mots joints ensemble sont adverbes ou expressions adverbiales , lorsqu'ils répondent à quelqu'une des questions suivantes : *où* , *quand* , *comment* , *pourquoi* , *combien*.

CHAPITRE VIII.

DE LA PRÉPOSITION.

L A préposition est un mot indéclinable , qui n'a de sens qu'avec son régime , qu'elle précède toujours. = EXEMPLE. *Depuis* , *jusqu'à* sont des mots qui ne présentent aucun sens ; mais si vous ajoutez *Nantes* , à *depuis* ; et *Paris* , à *jusqu'à* , alors ces mots présentent un sens ; on dira : *depuis Nantes jusqu'à Paris.*

Les prépositions sont *simples* ou *composées.* Les simples sont celles qui n'ont qu'un seul mot ; ce sont : *après* , *avant* , *avec* , *chez* , *contre* , *dans* , *depuis* , *derrière* , *dès* , *devant* , *en* , *entre* , *envers* , *environ* , *excepté* , *malgré* , *outre* , *par* , *parmi* , *pendant* , *pour* , *sans* , *selon* , *sous* , *suivant* , *sur* , *vers* , *dedans* , *dehors* , *dessus* , *dessous* , *hormis* , *hors* , *moyennant* , *touchant* , *voici* , *voilà* , *nonobstant* , *sauf* , &c. = Les composées sont celles qui ont plusieurs mots , comme *à cause* , *vis-à-vis* , *en présence* , *par rapport* , *à travers* , *au travers* , &c.

Ainsi, un mot qui n'est ni nom , ni adjectif , ni pronom , ni verbe , ni participe , est préposition , quand il est suivi d'un mot qui répond à la question *qui* ou *quoi* , *de qui* ou *de quoi* , *à qui* ou *à quoi.* S'il n'est suivi d'aucun mot qui, réponde à ces questions, alors il est pris adverbialement. = EXEMPLE. On dit *derrière la porte,* et *il marche derrière ; derrière,* devant le mot *porte,* est préposition, parce qu'il a un régime; *derrière,* après *marche,* est adverbe, parce qu'il n'a pas de régime.

CHAPITRE IX.

DE LA CONJONCTION.

LES conjonctions sont des mots qui servent à lier les phrases ou les membres de phrase ; comme quand on dit : *parlez peu* et *pensez bien ;* le mot *et* lie les mots *parlez peu,* avec les mots *pensez bien.*

Il y a plusieurs sortes de conjonctions:

1.º Celles qui assemblent les mots sous une même affirmation, ou sous une même négation, comme *et, aussi, ni, non plus, tant, que, ne pas.*

2.º Celles qui lient, en ajoutant à ce qu'on a déjà avancé : *de plus, d'ailleurs, encore, outre que, au surplus.*

3.º Celles qui, en joignant les parties du discours, expriment la distinction dans les choses dont on parle ; comme *ou, ou bien; soit, soit que ; tantôt.*

4.º Celles qui, en liant une partie du discours avec une autre, expriment une condition d'où dépend l'effet de ce qui est énoncé ; comme *si, pourvu que, supposé que, en cas que, à condition que, quand, à la charge que.*

5.º Celles qui marquent opposition entre ce qui les précède et ce qui les suit ; comme *mais*, *cependant*, *néanmoins*, *pourtant*, *toutefois*, *quoique*, *bien que*.

6.° Celles qui lient les parties du discours par quelques circonstances de tems; comme *avant que*, *dès que*, *tandis que*, *après que*, *aussitôt que*, *depuis que*, &c.

7.° Celles qui lient, en rendant raison de ce qui a été dit; comme *car*, *parce que*, *puisque*, *vu que*, *attendu que*, *à cause que*, *afin que*, *afin de*, *de peur que*, *de peur de*, *pour que*.

8.° Celles qui lient, en tirant les conséquences des propositions précédentes; comme *donc*, *par conséquent*, *ainsi*, *c'est pourquoi*, *c'est pour cela que*, *de façon que*, *de sorte que*, *de manière que*.

9.° Celles qui lient, en spécifiant les choses dont il s'agit; comme *savoir*, *c'est-à-dire*.

10.° Celles qui lient, en comparant les choses dont on parle, comme *de même que*, *comme*, *ainsi que*.

11.° Celles qui servent à conduire le sens à sa perfection ; comme *que*.

Remarque. On distingue *que*, conjonction, du *que* relatif et du *que* interrogatif; parce que *que* relatif, ayant rapport à un nom qui est devant, peut toujours se tourner par *lequel* ou *laquelle* : *que* interrogatif par *quelle chose* ; aulieu que *que*, conjonction, ne souffre aucune conversion.

CHAPITRE X.

DE L'INTERJECTION.

LES interjections sont des mots dont on se sert pour exprimer les passions; comme la douleur, la colère, la joie, l'admiration, &c.

Ah ! marque la joie , la douleur , l'admiration ,
l'amour , &c. , suivant la différence des sujets :
*Ah ! que vous me faites plaisir ! Ah ! que vous
me faites mal ! Ah ! que cela est beau !*

Ha ! eh ! marquent la surprise , l'étonnement
et l'admiration : *Ha ! vous voila !*

Ahi , aïe , hélas , ouf , marquent la douleur :
Aïe , que je souffre !

Bon , marque la surprise : il indique que l'on
fait peu de cas de la chose dont il s'agit : *Vous
dites qu'il est fâché contre moi , bon !*

Çà , courage , sus , se disent pour exciter ,
encourager : *Çà , travaillons ! Courage , soldats !*

Hé ! holà ! hem ! se disent pour appeler quelqu'un : *Hé ! viens-tu ! Holà ! Ho !*

Oh ! marque l'étonnement ou l'indignation.

Ho ! marque la surprise ou l'affirmation.

Fi ! marque du dégoût , du mépris.

O ! sert à marquer diverses passions, divers
mouvemens de l'ame, &c.

Paix ! chut ! se disent pour imposer silence.

Peste ! marque l'admiration.

Pouah ! marque le dégoût.

SYNTAXE.

INTRODUCTION.

LES différentes parties du discours réunies forment la phrase. La phrase est un ou plusieurs mots qui expriment une pensée, et qui forment un sens complet : = *Nous lisons de bons ouvrages.* Elle est affirmative, quand on affirme : = *Suivons le bon exemple.* Elle est négative, quand on nie : = *Ne fréquentons pas les mauvaises compagnies.*

La phrase, soit affirmative ou négative, est *simple* ou *composée*, ou *complexe*.

Elle est simple, lorsqu'elle est formée d'un seul mot, ou lorsqu'étant formée de plusieurs, elle n'a qu'un nominatif, qu'un verbe, qu'un régime de même dénomination, et qu'un adverbe : = *Nous donnons souvent l'aumône aux pauvres.*

Elle est composée, 1.º lorsque le verbe a plusieurs nominatifs : = *L'esprit et la beauté ne sont pas incompatibles.* 2.º Lorsque le nominatif a plusieurs verbes : = *Les sciences nourrissent l'esprit et le consument.* 3.º Lorsque le verbe a plusieurs régimes : = *La lumière pénètre le verre et tous les corps diaphanes.*

Elle est complexe, lorsque, pour former un sens complet, elle renferme deux phrases, l'une principale, et l'autre incidente.

La phrase incidente est celle qui est insérée dans une phrase principale, dont elle fait partie :

= *Les biens dont nous jouissons, viennent de Dieu. Les biens viennent de Dieu*, est la phrase principale ; *dont nous jouissons*, est la phrase incidente.

On distingue facilement la phrase principale de l'incidente, parce que la phrase principale a un sens par elle-même, aulieu que la phrase incidente n'a de sens qu'avec la principale. En effet, *les biens viennent de Dieu*, a un sens sans la phrase incidente ; mais *dont nous jouissons* n'en a point sans la principale.

La phrase, soit simple, soit composée ou complexe, est ou *expositive*, ou *interrogative*, ou *impérative* :

La phrase est expositive, lorsqu'on raconte ou que l'on décrit simplement quelque chose : = *L'homme de bien fait son devoir*. Dans cette phrase, le nominatif se place ordinairement devant le verbe ; excepté, 1.º lorsque la phrase commence par ces mots : *tel*, *ainsi*, *ce que*, où le nominatif se place après le verbe : = *Tel étoit son avis*. = *Ainsi se termina cette affaire.* = *Ce que pense le philosophe.* 2.º Lorsque le nominatif est suivi de plusieurs mots qui en dépendent : = *Là coulent mille divers ruisseaux, qui distribuent par-tout une eau claire.* 3.º Lorsque l'on rapporte les paroles de quelqu'un : = *Aimez votre prochain comme vous-même*, a dit Jesus-Christ.

La phrase est interrogative, lorsqu'on interroge : = *Où trouverez-vous un homme sans défaut ?* Dans cette phrase le nominatif se place après le verbe, quand c'est un tems simple : = *Viendrez-vous ?* Entre l'auxiliaire et le participe, quand c'est un tems composé : = *As-tu profité de sa bonne volonté ?* Excepté, 1.º lorsqu'on met, après le verbe, un pronom de la même personne : = *L'homme vertueux sera-t-il toujours oublié ? Il* est mis par réduplication. 2.º Lorsque la phrase commence par les mots *qui, quel :* = *Qui trouvera la pierre philosophale ?* = *Quel monstre vous a fait peur?*

Observez : 1.º Que, lorsque le verbe est à la première personne du singulier, et qu'il finit par un *e* muet, on met l'accent aigu sur l'*é* : = *Loué-je sa conduite.* = *Aimé-je à boire ?* 2.º Que, lorsque la prononciation est rude et désagréable, il faut prendre un autre tour. Ainsi, aulieu de dire : *Cours-je ? mens-je ? sors-je ?* on dira : *Est-ce que je cours ? est-ce que je mens? est-ce que je sors ?* 3.º Que, lorsque le verbe est à la troisième personne du singulier, et qu'il finit par une voyelle, on met un *t* entre deux traits d'union, devant *il, elle, on* (on appelle ce *t* lettre euphonique) : = *Aime-t-il?* = *Viendra-t-elle ?* = *Appelle-t-on?*

La phrase est impérative, lorsqu'en parlant on commande, on prie, on exhorte : = *Souviens-toi que tu as été foible, pauvre et souffrant.* = *Prends plaisir à soulager tes semblables.* Cette phrase n'a point de nominatif.

La période est la réunion de plusieurs phrases tellement liées ensemble, que le sens ne finit qu'à la dernière : = *Autant celui qui pratique la vertu est estimable, autant celui qui s'abandonne au vice est méprisable.*

On connoît le nominatif d'un verbe, en mettant *qui est-ce qui* devant le verbe; le mot qui répond à cette question est le nominatif du verbe. Dans cette phrase, *l'enfant lit*, si l'on met *qui est-ce qui* devant *lit, enfant*, qui répond à cette question, est le nominatif de *lit*.

Les verbes actifs gouvernent le régime simple ou l'accusatif : *écrire une lettre ; lettre* est le régime simple d'*écrire*. Il y en a qui ont deux régimes ; l'un simple et l'autre composé : comme *enseigner la grammaire à l'enfant* ; *la grammaire* est régime simple , et *à l'enfant* est régime composé.

Les verbes neutres ne gouvernent jamais le régime simple , mais le régime composé : comme *médire de quelqu'un* , *plaire à quelqu'un*.

Les verbes réfléchis ont les mêmes régimes que les verbes d'où ils dérivent : comme *se flatter*, c'est-à-dire *flatter soi*. = *Se nuire*, c'est-à-dire *nuire à soi*. Il y en a qui ont deux régimes, l'un simple et l'autre composé : comme *s'ennuyer de l'étude* , c'est-à-dire *ennuyer soi de l'étude*.

PREMIÈRE REMARQUE. Aucun verbe , de quelque espèce qu'il soit , ne peut avoir deux régimes de même dénomination. Ainsi , il y a une faute dans ce vers de Racine : = *Ne vous informez pas ce que je deviendrai*. Il faudroit *de ce que*, &c.

DEUXIÈME REMARQUE. Un mot peut être régime de plusieurs autres mots , pourvu que ces mots ne veuillent pas un régime différent. Ainsi , on dira : *cet homme est utile et cher à sa famille* , parce qu'*utile* et *cher* gouvernent le datif ou le régime composé *à*; mais on ne dira pas *utile et chéri de sa famille* , parce qu'*utile* ne peut régir *de sa famille*.

On connoît qu'un mot est en régime simple, lorsque ce mot répond aux mots *qui* ou *quoi*, placés après le mot dont il détermine la signification : = *Le luxe corrompt les ames*. Si l'on met *qui* ou *quoi* après *corrompt*, *ames* , qui répond à *corrompt*, est son régime simple.

Un mot est régime composé , lorsque ce mot répond à *de qui* ou *de quoi*, *à qui* ou *à quoi*, placés après le mot dont il détermine la signification : = *Je profite de l'occasion*. = *J'obéis à la loi.* Si l'on met *de quoi* après *profite* , *occasion* , qui répond à cette question , est son régime *composé de* ; *à quoi* après *obéis* , *loi* , qui répond à cette question , est son régime *composé à.*

REMARQUE. *De* , *du* , *de la* , *des* ne marquent un régime composé que lorsqu'ils répondent à la question *de qui* ou *de quoi.* S'ils répondent à la question *qui* ou *quoi* , alors ils marquent un régime simple : = *J'ai vu de belles maisons.* = *J'ai vu* , *quoi?* Réponse : *de belles maisons. De belles maisons* est le régime simple de *vu.*

TERMES ET FIGURES DE GRAMMAIRE.

Les termes de grammaire sont : *le gallicisme* , *l'ellipse* , le *mot explétif* , *l'hiatus* , *l'euphonie* , *l'inversion* , le *synalephe* et le *synonyme.*

Le *gallicisme* est une construction propre et particulière à la langue françoise , quoique contraire aux règles ordinaires de la grammaire , mais autorisée par le bon usage : = *Il va venir* , *il vient de sortir* , &c. , sont des gallicismes.

L'*ellipse* est le retranchement d'un ou plusieurs mots qui seraient nécessaires pour rendre la construction pleine , mais que l'usage permet de supprimer ; comme quand on dit : = *Il a pris sur lui d'attaquer* , pour dire *il a pris sur lui le danger d'attaquer.* = *La Saint-Jean* , pour *la fête de Saint-Jean.*

Le mot explétif se dit de certains mots qui entrent dans une phrase , sans être nécessaire au sens : = *Prenez-moi ce flambeau.* = *Je vous le traiterai bien ; moi* et *vous* sont des termes explétifs.

L'*hiatus* est entre une voyelle qui finit un mot , et qui ne s'élide point , et celle qui en commence un autre : dans *si on,* = *il alla à la campagne,* il y a un hiatus.

L'*euphonie* est ce que l'on ajoute pour rendre la prononciation plus douce et plus coulante, et éviter l'hiatus ; c'est par euphonie que l'on dit : *si l'on* pour *si on; viendra-t-il,* pour *viendra-il; ton amitié,* pour *ta amitié.*

L'*inversion* est la transposition de l'ordre, dans lequel les mots sont ordinairement rangés : *jusque dans leur camp les ennemis il poussa,* est une inversion ; l'ordre ordinaire est : *il poussa les ennemis jusque dans leur camp.*

Le *synalephe* est la réunion de deux syllabes en une seule, dans deux mots : *quelqu'un,* pour *quelque un.*

Le *synonyme* se dit d'un mot qui a la même signification qu'un autre mot, ou une signification presque semblable : *dispute* et *contestation* sont des mots synonymes.

Les figures de grammaire sont l'*hypallage,* la *métalepse,* l'*apposition,* la *réduplication,* le *pléonasme,* la *syllepse* et la *syncope* :

L'*hypallage* est une figure par laquelle on paroît attribuer à certains mots d'une phrase ce qui appartient à d'autres mots de la phrase, sans qu'on puisse se méprendre au sens : *il n'avoit point de souliers dans ses pieds,* aulieu de dire : *il n'avoit point ses pieds dans des souliers.*

La *métalepse* est une figure par laquelle on prend l'antécédent pour le conséquent, ou le conséquent pour l'antécédent : *il a vécu,* pour dire *il est mort.*

L'*apposition* est une figure qui joint un nom à un autre, sans conjonction, et par une sorte d'ellipse, pour marquer quelque attribut particulier de la chose dont on parle : *Cicéron, orateur romain; = Attila, le fléau de Dieu;*

== *ses pleurs, témoins de sa douleur. Orateur, fléau* et *témoins* sont des mots mis par apposition; c'est comme si l'on disoit : Cicéron *qui est* orateur, Attila *qui est* le fléau, ses pleurs *qui sont* témoins.

La *réduplication* est une figure par laquelle on répète un mot qui donne un plus grand intérêt à la phrase, et comme par une sorte d'ellipse : *moi, je prétends; moi, trahir le meilleur de mes amis !* Moi est mis par réduplication.

Le *pléonasme* est une figure par laquelle on ajoute des mots inutiles pour le sens d'une phrase; mais qui peuvent y mettre de la force ou de la grace, comme *je l'ai vu de mes yeux, voler dans l'air, monter en haut.*

La *syllepse* est une figure par laquelle le discours répond plutôt à notre pensée qu'aux règles grammaticales : *il est six heures,* au lieu de dire *il est la sixième heure.*

La *syncope* est une figure qui consiste dans le retranchement d'une lettre ou d'une syllabe au milieu d'un mot ; ainsi, on écrit quelquefois *j'avoûrai* pour *j'avouerai*, *dénoûment* pour *dénouement.*

DES SIGNES QUI ACCOMPAGNENT LES MOTS.

Les signes qui accompagnent les mots sont : l'*apostrophe*, le *trait d'union*, la *parenthèse*, les *guillemets*, les *lettres majuscules*, et les *différents signes de ponctuation.*

L'apostrophe (') marque la suppression d'une de ces trois lettres : *a*, *e* muet, et *i*.

A, *e* se retranchent dans *le, la, de, je, me; te, se, ce, ne, que*, quand le mot suivant commence par une voyelle ou une *h* muette : *l'amitié, l'honneur, l'histoire; j'aime l'enfant qui s'applique à l'étude.*

A, *e*, ne se retranchent point dans *le*, *la*, après un impératif, ni dans *là* adverbe : = *Conduisez-le avec vous*, *suivez-la à la campagne*, *allez-là et y demeurez.*

A et *e* ne se suppriment point dans *le*, *la*, *ce*, *de*, *que*, avant *huit*, *huitième*, *huitaine* ; on dit *le huit*, *la huitaine*, *de huit qu'ils étoient*, *le huitième*, &c. On dit aussi *le oui*, *le onze*, *la onzième*, *que onze*, *que huit.*

E se supprime dans *jusque* devant une voyelle : *jusqu'à Rome. Jusque* s'écrit quelquefois avec une *s* : *jusques au ciel.*

I ne se supprime, dans *si*, que devant *il*, *ils* : *s'il lisoit*, *s'ils lisoient.*

E final de *quelque* se supprime devant *un*, *une* : *quelqu'un*, *quelqu'une.*

On met une apostrophe après *grand*, devant les mots *mère*, *tante*, &c. : *grand'mère*, &c.

E final se supprime dans *entre*, dans les mots *entr'acte*, *entr'autres*, *s'entr'aider*, *s'entr'aimer*, *s'entr'appeler*, *s'entr'avertir*, *entr'ouïr*, *entr'ouvrir.*

Le *trait d'union* est la figure suivante (-) ; elle se met : 1.º entre les verbes et les pronoms *je*, *moi*, *tu*, *toi*, *nous*, *vous*, *il*, *ils*, *elle*, *elles*, *le*, *la*, *les*, *y*, *en*, *ce*, *on* quand ces mots sont placés après le verbe : *Irai-je*, *viendrai-je*, *allez-y*, *prenez-en*, *conduisez-le.* 2.º Avant *là*, *çà*, *ci*, comme *celui-là*, *celui-ci*, *de-çà*, *de-là.* 3.º Entre plusieurs mots, pour faire voir qu'ils ne signifient qu'une chose : *courte-pointe*, *arrière-saison*, *avant-coureur*, *passe-tems*, &c.

On appelle parenthèse deux crochets (), qui renferment une citation qui ne fait point partie du corps du discours : *mépriser la gloire* (*dit Tacite*), *c'est mépriser les vertus qui y mènent.*

On appelle guillemets deux traits (») tournés du même côté. On les met en marge dans les livres, pour marquer les citations longues. Lorsque la citation est finie, on annonce sa fin par ces mêmes traits. ⸗ EXEMPLE : Instruction d'un père à son fils : « Que la vérité soit en toutes vos paroles ; dé- » testez le mensonge comme la mort, regardez-le » comme le vice le plus bas et le plus avilissant. »

Toute citation courte se souligne dans l'écriture , et s'imprime en lettres italiques.

Les lettres capitales ou majuscules sont les grandes lettres qu'on met au commencement des livres , des chapitres , des noms propres d'hommes , de lieux , de fêtes : ⸗ *David*, *Paris*, *Pâques*.

On entend , par ponctuation , la manière de marquer les endroits du discours où l'on doit s'arrêter , pour en distinguer plus aisément les parties , et empêcher qu'une proposition ne se confonde avec une autre. On compte généralement sept marques de ponctuation : la *virgule*, le *point*, le *point-virgule*, les *deux points*, le *point d'interrogation*, le *point d'admiration* et les *trois points*.

La virgule (,) sert : 1.º A distinguer les membres d'une période, il y faut faire une très-petite pause : ⸗ *Ceux qui ont, dans leurs mains, les lois pour gouverner les peuples, doivent toujours se laisser gouverner eux-mêmes par les lois.* 2.º A séparer les adjectifs , les noms , les verbes et les adverbes qui n'ont point entr'eux de rapports modificatifs : ⸗ *La charité est douce, patiente, bienfaisante ; la candeur, la docilité, la simplicité sont les vertus de l'enfance.* 3.º On emploie la virgule, lorsque le verbe est séparé de son nominatif ou de son régime par une phrase incidente: ⸗ *L'ennui qui dévore les autres hommes, au milieu des délices, est inconnu à ceux qui savent s'occuper par quelque lecture.* 4.º On met toujours une virgule avant et après *dit-il*, *dit-elle*, et les noms au vocatif. On ne met point de virgule avant les conjonctions *et*, *ni*, *ou*, *comme*, &c., quand ces conjonctions servent à lier des mots simples : = *Cet homme n'est ni avare ni prodigue;* mais on met la virgule, si les mots ne sont pas simples : = *Il n'avoit ni son air, ni ses manières;* et quand il y a un mot qui sépare les deux que la conjonction lie : = *Les soins continuels appésantissent l'esprit, et lui ôtent sa vivacité.*

Le point-virgule (;) se met entre deux phrases, dont l'une dépend de l'autre, non seulement pour le sens, mais encore pour le régime; il faut y faire une pause plus grande qu'à la virgule : = *Dieu remet aux hommes le soin de juger les hommes ; mais il se réserve à lui seul le droit de juger les pensées.* = *Il est beau de servir l'état par ses actions; mais ce n'est pas une chose à dédaigner, que le talent de bien parler.*

Les deux points (:) se mettent à la fin d'une phrase qui dépend de ce qui précède, non pas pour le régime, mais pour le sens. On doit y faire une pause plus grande qu'au point-virgule : = *On peut se distinguer dans la paix, comme dans la guerre : plusieurs se sont illustrés; les uns en faisant de grandes actions, les autres en les écrivant.* = *Ces vieillards baisèrent ce livre avec respect : car ils disoient qu'après les Dieux, de qui les bonnes lois viennent, rien ne doit être plus sacré aux hommes, que les lois destinées à les rendre bons, sages et heureux.*

Le point (.) se met à la fin des phrases, quand le sens est entièrement fini. Il faut y faire une grande pause, en baissant la voix : = *La justice est le point d'appui de l'autorité.*

Le point d'interrogation (?) se met après les phrases qui expriment une interrogation , et marque que l'on doit élever un peu la voix: =*Comment veux-tu que je sois sensible au blâme, si tu ne veux pas que je sois sensible à l'éloge ?*

Le point d'admiration (!) se met dans les phrases qui expriment une exclamation ou une admiration : = *Aimer Dieu , aimer ses semblables , quoi de plus simple et de plus naturel! = Vouloir du bien à qui nous fait du mal , quoi de plus grand et de plus sublime !*

Les trois points (...) se mettent pour faire remarquer les morceaux de force ou de sentiment , les incertitudes , les transitions subites d'une idée à une autre opposée : = *Je veux que ce chrétien devant elle amené... Non, je ne veux plus rien.*

DE L'ORTHOGRAPHE.

L'orthographe est la manière d'écrire tous les mots d'une langue , conformément à l'usage reçu et adopté par les meilleurs auteurs.

La plupart des mots françois ont beaucoup de lettres qui ne se prononcent pas ; comme *monument , esprit , ils aiment ,* que l'on prononce comme *monuman, esprit, ils aime.*

Remarquez: 1.° Que, pour savoir par quelle lettre finit un mot, il faut voir si c'est un nom, d'où il tire son origine : ainsi, on écrira *plomb* de plomber , *nom* de nommer, *crédit* de créditer, *parfum* de parfumer , &c. ; mais si c'est un adjectif , il faut le mettre au féminin : ainsi, on écrira *prudent* de prudente, *grand* de grande , *savant* de savante , *saint* de sainte , *sain* de saine, &c. ;

2.° Que les sons de *an, en , in , on , un* s'écrivent par *m* dans les mots où le son nasal est suivi.

de *b*, *m*, *p*, *ph* : ainsi, on écrira *ambition*, *empire*, *imbécille*, *ombrageux*, *humble*, *grammaire*, *triomphe*, &c. ; mais lorsque le son est suivi d'une autre lettre, alors on l'écrit par *n*: ainsi, on écrira *enfant*, *ancêtres*, *encre*, *inconstance*, *incident*, *angle*, &c. ;

3.º Que le son de *am*, *an*, au commencement des mots, s'ecrit par *em*, *en*, dans les mots qui sont tirés des verbes : ainsi, on écrit *empêchement* d'empêcher , *embarras* d'embarrasser , *encensement* d'encenser , *engagement* d'engager , &c. ; excepté les mots *ambition*, *ambre*, *amplification*, *amputation*, *ancre*, *andouille*, *anti-date*, *antiquité*, *anticipation* ;

4.º Que les noms terminés par le son nasal *an*, s'écrivent par *ent*, dans les mots qui dérivent des verbes : ainsi, on écrira *abaissement* d'abaisser, *mouvement* de mouvoir, *aboiement* d'aboyer ;

5.º Que, pour écrire le son *im*, *in*, *aim*, *ain*, *ein*, il faut faire attention aux mots qui en dérivent , si ce sont des noms : ainsi, on écrira *faim* de famine, *fin* de finir, *vin* de vineux, *main* de manier, &c. ; mais si ces mots sont des adjectifs, il faut voir quelle est leur terminaison féminine : ainsi , on écrira *divin* de divine, *plein* de pleine, &c. ;

6.º Quand le son *in* commence le mot, on l'écrit toujours par *im* ou *in* : = *imbécille*, *inquiet*, &c. ; excepté *ains* (vieux mot), *ainsi*, et *Eimbek* (ville) ;

7.º Que les adjectifs qui ont le son final d'*ant*, et qui dérivent des verbes, s'ecrivent par *ant*: = savoir, *savant* ; pouvoir, *puissant* ; obéir, *obéissant* ; briller, *brillant* ; excepté *négligent*. Tous les adjectifs qui ne dérivent pas dés verbes, s'écrivent par *ent*: = *prudent*, *opulent*, *pénitent*, *éloquent*,

éloquent, indulgent, conséquent; excepté *constant, inconstant;*

8.º Que les noms en *ance* ou *ence* s'écrivent comme les adjectifs dont ils dérivent , en changeant le *t* final en *ce :* ═ jouissant , *jouissance ;* obéissant, *obéissance ;* prudent, *prudence ;* excepté *existence , préexistence ;*

9.º Les mots qui finissent par *se ,* sont *danse , contre-danse , défense , dispense , récompense, dépense , panse , intense , immense, réponse , il compense , il encense , il panse* (une plaie) , *il pense* (réfléchit) , *offense , transe ;*

10.º Qu'on a formé des noms en *ique* des adjectifs , en changeant *que* en *cain :* ═ Afrique , *africain ;* Amérique , *américain* ; république , *républicain ,* &c ;

11.º Que , quand on entend le son du z entre deux voyelles, on doit l'écrire par *s :* ═ *base , maison , raison ,* &c. ; excepté les adjectifs de nombre , *onze , douze , treize , quatorze , quinze , seize ,* et leurs dérivés ; ainsi que les noms suivans , et leurs dérivés : *alezan , alèze , alize , alguazil , amazone , azerole , azedarac , azi , azimuth , azur , azyme , bazar , bizarre , bizé , bizègle , bonze , bronze , gazelle , gaze , gazette , gazon , gazouiller , horizon , lazagnes ; lazaret , lazzi , mazette , pouzzolane , suzerain , syzygie , topaze ,* et ceux qui commencent par z ;

12.º Les noms terminés en *ssion* ou *tion ,* qui dérivent des verbes , s'écrivent par deux *ss ,* lorsque le participe passé du verbe , dont ils dérivent , est terminé par une *s ;* ils s'écrivent par un *t ,* si le participe passé n'est point terminé par *s.* Ainsi , on écrit *soumission* par deux *ss ,* parce que *soumis* est terminé par *s ;* et on écrit *donation* par un *t ,* parce qu'il n'y a point d'*s* au participe passé *donné ;*

13.º Qu'on doit écrire par *xion* les mots *complexion*, *connexion*, *flexion*, *fluxion*, *inflexion*, *Ixion*, *réflexion*, *génuflexion*; par *sc* les mots suivans, et ceux qui en dérivent : *abscès*, *acquiescer*, *adolescence*, *ascendant*, *concupiscence*, *condescendre*, *conscience*, *condisciple*, *contre-scel*, *convalescence*, *descendre*, *discerner*, *disciple*, *effervescence*, *excrescence*, *faisceau*, *fasce*, *fascine*, *immiscer*, *irascible*, *lascif*, *obscène*, *piscine*, *rescinder*, *résipiscence*, *ressusciter*, *sceau*, *sceller*, *scène*, *scénographie*, *sceptique*, *sceptre*, *sciatique*, *scie*, *science*, *scintillation*, *scission*, *susceptible*, *susciter*, *transcendant*; et par *eon* : *bourgeon*, *drageon*, *escourgeon*, *sauvageon*, *esturgeon*, *pigeon*, *plongeon*, *surgeon*; les premières personnes du pluriel des verbes en *ger*: *nous jugeons*;

14.º Quand, après le son du *c*, on entend le son d'une *s*, on y met toujours un *c*, à moins qu'il n'y ait un *t* dans son origine: ainsi, on écrira *accès*, *succès*, *accident*, &c., par deux *cc*; et *action*, *diction*, *objection*, &c., par un *t*, parce qu'il y a un *t* dans leur origine: ces mots viennent d'*acte*, *dicter*, *objecter*;

15.º Que, quand après l'*x*, on entend le son de l'*s*, on y met toujours un *c* : = *excès*, *exciter*, *exceller*, &c.;

16.º Que, quand on entend le son d'*s*, entre deux voyelles, on doit mettre le *c* : = *magicien*, *Racine*, *maçon*, *façade*, &c.; mais quand on entend le sifflement d'*s*, on les double ordinairement : = *basse*, *jeunesse*, *moisson*, &c.;

17.º Quand le *c* et le *q* forment le même son, il faut un principe pour mettre le *q* : ainsi, on écrira *marquant*, *quartier*, &c., par *q*, parce l'un vient de *marquer*, et l'autre de *quatre*; et on écrira *carcan*, *cabinet*, &c., par *c*, parce qu'ils n'ont point de principe ;

18.° Que les noms qui ont le même son que le participe passé du verbe dont ils dérivent, prennent un *e* muet à la fin : on écrira *la portée*, parce qu'on dit *j'ai porté* ; *la vue*, parce qu'on dit *j'ai vu*, &c. ; mais ils ne prennent point d'*e* s'ils ne dérivent point des verbes : = *la beauté*, *la vertu*, &c. ; excepté *idée*, *coudée*, *épée*, *lycée*, *poupée*, *caducée*, *trophée*, *dragée*, *fée*, *gorgée*, *giboulée*, *mausolée*, *becquée*, *cuillerée*, *apogée*, *périgée*, *pygmée*, *année*, *marée*, *colisée*, *empirée*, *hymenée*, *spondée*, *athée*, *journée*, *rosée*, *coryphée*, *nuée*, *Pompée*, *Enée*, &c. ;

19.° Que le *b* se double dans *abbé*, et ses dérivés. Le *d* se double dans *addition*, *additionner*, *adducteur*, *reddition*.

PREMIÈRE RÈGLE. Quand un mot composé commence par une voyelle, on double ordinairement la première consonne du simple : ainsi, on double *c* de *cueillir* dans *accueillir*, *p* de *prendre* dans *apprendre*, *l* de *lier* dans *allier*, *m* de *mener* dans *emmener*, &c. ; excepté *aligner*, *aliter*, *aposter* et leurs dérivés ; et les composés, dont les simples commencent par *b*, *d*, *g* et *m*, quand le composé n'a pas le son d'*am* : = *battre*, *abattre* ; *doux*, *adoucir* ; *grand*, *agrandir* ; *mou*, *amollir*, &c.

DEUXIÈME RÈGLE. Les composés des mots terminés en *an* doublent presque toujours la finale du simple : = *an*, *année* ; *tyran*, *tyrannie* ; *ban*, *bannal*, &c.

TROISIÈME RÈGLE. Les mots terminés en *on* ou *om* doublent *n* ou *m* aux dérivés, quand le fort du son tombe sur la première *n* ou *m* : ainsi, on double *n* de *don*, dans *donner* ; et on ne la double point dans *donation*, on double *m* de *nom*, dans *nommer*; mais on ne la double point dans *nomination*, parce que dans *donation* et *nomination*, le fort du son de l'*m* et de l'*n* tombe sur l'*i*.

Nota. Les composés conservent les lettres du simple; et les dérivés, celles du simple et du composé.

On appelle style la manière de composer et d'écrire : il diffère de la diction , en ce que le *style* concerne l'ordre et le placement des mots ; et la *diction* consiste dans leur choix.

Les règles du style, en général, sont de placer le régime le plus court le premier ; et si ces régimes étoient aussi courts les uns que les autres, il faudroit préférer le régime simple, ensuite le régime composé *de* au régime composé *à*. On suivra la même règle pour les circonstances.

Pour placer les phrases, il faut commencer par la phrase principale; quant aux périodes, la phrase la plus courte doit tenir le premier rang.

CHAPITRE I.ᵉʳ

DU NOM.

LE nom au vocatif désigne la seconde personne; le verbe, qui s'y rapporte , se met donc à la seconde personne et au même nombre que le nom : = *O Dieu, donnez - nous la sagesse!* *donnez* est à la seconde personne, parce que *Dieu* est au vocatif.

Le nom, au nominatif, désigne toujours une troisième personne; le verbe qui s'y rapporte se met donc à la troisième personne, et au même nombre que le nom : = *L'écolier écrit; écrit* est à la troisième personne du singulier, parce qu'*écolier* est au singulier. Il désigne toujours la troisième personne, parce qu'à la place du nom, on peut mettre le pronom *il* ou *elle*, et dire, en parlant d'un enfant, *il* ou *elle écrit*.

Plusieurs noms, au nominatif, sans conjonction, ou liés par les conjonctions *et* ou *ni* veulent ordinairement le verbe au pluriel : = *La douceur de l'esprit, l'égalité de l'humeur, la complaisance, sont les premières qualités exigées dans un jeune homme.* = *Comme l'ignorance et la stupidité dégradent l'homme, l'esprit et le goût le conduisent à la perfection.* = *Ni l'or, ni la grandeur ne nous rendent heureux.* On voit dans ces exemples que tous les verbes sont au pluriel. Je dis ordinairement, parce que des auteurs emploient quelquefois le singulier : = *Si jamais l'abus du pouvoir, l'oubli des lois, la prospérité des méchans t'irrite, pense à Bélisaire.* (Marmontel). = *Que ce n'étoit sans doute ni la matière ni la forme de ces portraits, qui avoit tant d'efficacité.* (Bauzée). = *La piété et la droiture lui attiroit le respect.* (Bossuet). Mais, si les noms, au nominatif, sont presque synonymes, alors le verbe se met au singulier : = *Sa piété, son amour pour son père l'élevoit au-dessus du malheur.* = *Une vapeur, une goutte d'eau suffit pour détruire l'homme.* = *De leur signifier que la volonté et l'intention du sénat et du peuple romain étoit qu'ils missent bas les armes.* (Bauzée).

Plusieurs noms, au nominatif, liés par la conjonction *ou*, veulent le verbe au même nombre que le dernier nom ; alors, s'il y a un nom pluriel, il faut le placer le dernier : = *Supposons que la guerre, la maladie ou la vieillesse m'eût privé de la vue. = La débauche ou les plaisirs les entraînent.*

Plusieurs noms, au nominatif, liés par les conjonctions *comme*, *ainsi que*, *de même que*, veulent le verbe au même nombre que le premier nom : = *La langue comme les arts, tend à sa perfection.*

La politesse, ainsi que le courage,
Fut des français autrefois le partage. (*L'abbé Regnier*).

Plusieurs noms pluriels, au nominatif, liés par la conjonction *mais*, suivie d'un nom singulier, veulent le verbe au singulier : = *Non seulement ses titres, ses honneurs, ses dignités, mais encore sa fortune s'évanouit.* On sous-entend *s'évanouirent* avant *mais.*

Plusieurs noms, au nominatif, suivis de *tout* ou *rien*, veulent le verbe au singulier : = *Agriculture, navigation, architecture, tout dépend des talens de l'esprit.* = *Jeux, conversations, spectacles, rien ne la tira de la solitude.*

Le nom collectif, quoique suivi d'un nom pluriel, veut le verbe au même nombre que le collectif : = *L'armée de croisés fut moissonnée par la peste.*

Le nom partitif et l'adverbe de quantité veulent le verbe au même nombre, que le nom qui suit le nom partitif ou l'adverbe de quantité : = *La plupart du monde prétend.* = *Une infinité de peuple y assista.* = *Peu de monde y fut admis.* Les verbes sont au singulier, parce que le nom partitif et l'adverbe de quantité sont suivis d'un nom singulier. = *La plupart des troupes se débandèrent.* = *Une infinité de gens ont cru.* = *Peu de gens négligent leurs intérêts.* Les verbes sont au pluriel, parce que le nom partitif et l'adverbe sont suivis d'un nom pluriel. Mais si le nom partitif et l'adverbe de quantité ne sont suivis d'aucun nom, alors on doit mettre le verbe au pluriel : = *Le sénat fut partagé, la plupart voulaient que*, &c. =*Une infinité sont morts, peu ont combattu.*

REMARQUE. Un nom est partitif, lorsqu'il désigne un grand nombre, une grande partie d'un tout. Ainsi, le mot *multitude*, désignant un grand nombre, est partitif: =*Une multitude d'hommes le suivent.* Mais il est collectif, s'il se prend pour le peuple, le vulgaire : = *La multitude le suit.*

Les noms mis par apposition se mettent au même nombre que le nom auquel ils se rapportent, et au pluriel s'ils se rapportent à plusieurs noms ; mais ils n'influent point sur le verbe : =*Lorsque Carthage, la rivale de Rome, eut été ruinée.* = *L'avarice et l'ambition, sources funestes de tous les maux.* La *rivale* et *sources* sont mis par apposition. (*Rollin*).

Le nom, en régime, se place ordinairement après le mot dont il détermine la signification. Il est régime d'un nom , lorsqu'il détermine la signification d'un autre nom, alors il est précédé de l'article *de*, *du* , *de la* ou *des* : = *Le livre de Pierre.* = *L'amour de la gloire.* = *Le desir des richesses.* *Pierre*, *gloire* et *richesses* sont régimes des noms qui les précèdent.

Quand le nom est régime d'un verbe, il se place après le verbe : = *Pratiquez la vertu.* *Vertu* est régime de *pratiquez*, excepté dans l'interrogation : =*Quel livre lisez-vous?*

CHAPITRE II.

DE L'ARTICLE.

LES articles déterminatifs prennent le genre et le nombre des noms qu'ils précèdent = *La prose demande plus de vivacité d'esprit, les vers plus de vivacité d'imagination.*

REMARQUE. Les articles s'emploient : 1.º devant tous les noms pris dans un sens précis et déterminé : = *La gloire est la passion des grandes ames.* 2.º Devant les noms propres de quelques planètes : *le Soleil, la Lune, la Terre* ; de contrées, de royaumes, de provinces, de départemens, de montagnes, de vents, de fleuves, de rivières : *l'Afrique, le Canada, la France, l'Espagne, la Normandie, la Bretagne, la Loire-Inférieure, les Alpes, les Pyrénées, le Nord, le Sud, le Rhin, la Loire, la Seine,* &c. 5.º Devant les noms propres d'hommes, employés comme noms communs : *les Césars, les Alexandres,* &c. ; de villes, formés d'un nom commun, ou accompagnés d'un adjectif : *la Rochelle, le Havre, la Nouvelle - Orléans, l'ancienne Rome,* &c. ; de poëtes : *le Tasse, l'Arioste,* &c. ; de peintre : *le Titien, le Carrache,* &c. 4.º Devant les adjectifs joints au nom propre, pour distinguer la personne dont on parle, de toute autre qui porteroit le même nom : *Louis le Grand, le Juste,* &c. 5.º Devant les verbes et les adjectifs employés comme noms : *le vrai, le faux, le boire, le manger,* &c. Mais ils ne s'emploient point devant les noms pris dans un sens vague et indéterminé : *à vaincre sans péril, on triomphe sans gloire* ; devant les noms au vocatif, ou employés en adresse : *à moi, braves soldats* ; = *rue Piron.*

Les articles partitifs prennent aussi le genre et le nombre des noms qu'ils précèdent : = *Du vin me feroit plaisir, des savans prétendent.*

Les articles indéterminés sont des deux genres et des deux nombres : = *Un trait de courage, un acte de vertu.*

REMARQUE. *De*, *du*, *de la*, *des* sont articles partitifs, lorsqu'on peut mettre à leur place *une certaine quantité* ou *quelques*. Ainsi, dans les exemples précédens, *du vin me feroit plaisir*, c'est-à-dire *une certaine quantité*; *des savans prétendent*, c'est-à-dire *quelques savans*.

NOTA. On doit mettre *de* et non pas *des*, lorsque le nom partitif est pris dans un sens vague et indéterminé, et est précédé d'un adjectif. Ainsi, on dira *de savans auteurs*, *d'excellens fruits*, quoiqu'on dise *des auteurs savans*, *des fruits excellens*; parce que les mots *auteurs* et *fruits* sont pris dans un sens vague. Mais, si le nom est pris dans un sens précis et déterminé, alors on doit mettre *des* : ainsi, on dira *donnez-moi des belles fleurs que vous m'avez fait voir*. Ici le mot *fleur* est pris dans un sens déterminé : on parle des fleurs en particulier que vous m'avez fait voir.

L'article elliptique prend le genre et le nombre du nom sous-entendu : = *La Saint-Pierre*; on met *la*, parce que le mot *fête* est sous-entendu. = *Le cheval blanc et le noir sont petits*; on met *le noir*, parce que le mot *cheval* est sous-entendu. L'article se répète : 1.º avant chaque nom : = *Les rois et les princes doivent rendre la justice*, et non pas *les rois et princes*. = *Le père et la mère doivent veiller sur leurs enfans*, et non pas *les père et mère*, &c. 2.º Devant les adjectifs au superlatif : = *Il parle des plus hautes et des plus excellentes vertus*, et non pas *des plus hautes et excellentes*, &c. 3.º Lorsque l'adjectif, au superlatif, est placé après le nom : = *Les hommes les plus habiles font quelquefois les fautes les plus grossières*. Mais si l'adjectif au superlatif est placé devant le nom, alors on n'emploie qu'un article : = *C'est le plus habile homme du monde*.

OBSERVATION. Les articles *à*, *au*, *aux*, *de*, *du*, *des* sont quelquefois articles et quelquefois prépositions : ils sont articles, lorsqu'ils répondent aux questions des régimes composés : = *Obéir à Dieu et aux hommes.* = *Profiter du tems et des circonstances.* Obéir, *à qui ?* Réponse : *à Dieu et aux hommes.* Profiter *de quoi ?* Réponse : *du tems, des circonstances.*

Ils sont prépositions, s'ils n'y répondent pas ; alors ils reçoivent diverses significations.

A peut se réduire aux prépositions suivantes : *après, avec, dans, en, par, pour, selon, suivant, sur, vers.* = *Aller pas à pas*, c'est-à-dire *pas après pas* ; *travailler à l'aiguille*, c'est-à-dire *avec* ; *se promener à la campagne*, c'est-à-dire *dans* ; *juger à la mine*, c'est-à-dire *par la mine* ; *prendre à témoin*, c'est-à-dire *pour témoin* ; *habit à la mode*, c'est-à-dire *selon* ; *il tire à sa fin*, c'est-à-dire *vers sa fin.*

Au reçoit à-peu-près les mêmes significations que *à* : = *Être au lit*, c'est-à-dire *dans* ; *toucher au doigt*, c'est-à-dire *avec* ; *au jugement des hommes*, c'est-à-dire *selon*, &c.

De s'emploie pour *pendant* : = *Il est parti de jour*, c'est-à-dire *pendant* ; pour *touchant, sur* : = *Parlons de votre affaire*, c'est-à-dire *touchant sur votre affaire* ; pour *à cause* : = *Je suis charmé de sa fortune*, c'est-à-dire *à cause* ; pour *depuis* : = *De Rome à Lyon*, c'est-à-dire *depuis.*

Du pour *pendant* : = *Du tems de Socrate*, c'est-à-dire *pendant.* Pour *vers* : = *Du côté du midi*, c'est-à-dire *vers*, &c.

Aux et *des* peuvent recevoir les mêmes significations que les précédentes.

On appelle *du, des, au, aux* des prépositions articulées.

REMARQUE. *A* verbe, *tu* pronom, *du, des* articles n'ont point d'accent ; mais *à* article ou préposition , *là* adverbe, *dès* préposition ont l'accent grave ; *tû*, *dû* participes, l'accent circonflexe. *A* est verbe , quand on peut le mettre au pluriel : =*Votre ami a votre livre*. *A* est ici verbe parce qu'on peut dire *vos amis ont votre livre*.

CHAPITRE III.

DE L'ADJECTIF.

L'ADJECTIF se met au même genre et au même nombre que le nom qu'il qualifie ; c'est-à-dire, si le nom est au masculin singulier, on mettra l'adjectif au masculin singulier : =*Un homme vertueux*. *Vertueux* est au masculin singulier, parce que *homme* est du masculin singulier. =*Voilà de belles fleurs*. *Belles* est au féminin pluriel, parce que *fleurs* est du féminin pluriel.

REMARQUE. Les participes, employés comme adjectifs, suivent la même règle : =*Un discours poli*. =*Écrire d'une manière polie*.

Lorsque l'adjectif se rapporte à plusieurs noms de choses animées , on met cet adjectif au pluriel et au même genre que les noms, soit qu'il soit placé immédiatement après le nom, ou qu'il en soit séparé ; ou au masculin pluriel, si les noms sont de différens genres : =*J'ai vu la mère et la fille très-contentes*. On met *contentes*, parce qu'il qualifie deux noms féminins. =*Le frère et la sœur sont heureux*. On met *heureux* , parce qu'il qualifie deux noms de différens genres. (*Il n'y a d'animés, que les hommes et les bêtes.*)

Si l'adjectif se rapporte à plusieurs noms de choses inanimées, et s'il n'est pas immédiatement placé après ces noms, ou si, étant placés immédiatement après, ces noms sont au nominatif: alors, on mettra l'adjectif au pluriel, ou au masculin pluriel, si les noms sont de différens genres : = *Le vent et la pluie sont froids.* = *Il semble que l'esprit doux et l'humeur égale réunis, fassent l'homme complaisant. Froids* est au masculin pluriel, parce qu'il est séparé des noms qu'il qualifie. *Réunis* est aussi au masculin pluriel, parce qu'il qualifie deux noms au nominatif. Mais, si l'adjectif est placé immédiatement après, et si les noms sont des régimes, alors l'adjectif prend le genre et le nombre du dernier nom : = *Il avoit les pieds et la tête nue,* et non pas *nus.* = *Cet acteur joue avec un goût et une noblesse charmante,* et non pas *charmans.* Ainsi, on dira *elle a l'air content.* = *La vertu toute seule a l'air trop indigent.* Le Dictionnaire de l'Académie dit : *prune de damas blanc, prune de damas violet,* = *vingt-cinq feuilles de papier blanc.* Le même dictionnaire dit aussi : *elle a l'air content, elle a l'air contente,* = *une pièce de bœuf tremblante.* Quand l'adjectif s'accorde-t-il avec le premier nom, quand s'accorde-t-il avec le dernier ? Je pense que l'adjectif doit s'accorder avec le nom qui désigne une chose dont il y en a de plusieurs sortes. Ainsi, on dira: *elle a l'air content,* en le faisant accorder avec le dernier, parce qu'une même personne peut avoir l'air *content, chagrin, sérieux, gai.* = *Prunes de damas violet,* parce qu'il y a du *damas blanc,* du *damas noir,* &c. On dira, *une pièce de bœuf tremblante,* = *après six mois de tems écoulés,* en le faisant accorder avec le premier, parce que dans un bœuf il y a plusieurs pièces , et parce que le tems est divisé en plusieurs mois.

Quand plusieurs adjectifs , exprimant des qualités qui peuvent se réunir dans un objet , se rapportent à un nom , ces adjectifs prennent le genre et le nombre du nom. $=$ *Que vos phrases soient coulantes et naturelles , et votre style léger et poli.* *Coulantes et naturelles* sont au féminin pluriel , parce qu'ils qualifient *phrases* , &c. Mais si ces adjectifs expriment des qualités opposées , alors on répète l'article devant un des adjectifs : $=$ *J'ai donné à boire au cheval blanc et au noir.* On répète *au* , parce que les adjectifs expriment des qualités opposées.

L'adjectif qui se rapporte à un nom collectif se met au même genre et au même nombre que le collectif : $=$ *L'armée des infidèles étoit nombreuse* , et non pas *nombreux.*

L'adjectif qui se rapporte à un partitif ou à un adverbe de quantité , se met au même genre et au même nombre que le nom qui suit le nom partitif ou l'adverbe de quantité : $=$ *Une foule de nymphes , couronnées de fleurs , nageoient derrière le char.* $=$ *L'étude orne l'esprit d'une infinité de connoissances utiles et curieuses.* *Couronnées* est au pluriel , parce qu'il s'accorde avec *nymphes; utiles et curieuses* sont aussi au pluriel , parce qu'ils s'accordent avec *connoissances.* $=$ *Peu d'hommes sont savans.* On met *savans* au pluriel pour la même raison.

L'adjectif au comparatif et au superlatif, suit la même règle que l'adjectif au positif : $=$ *La mère est plus généreuse que la fille.* $=$ *C'est l'homme du monde le plus savant.* $=$ *C'est la femme du monde la plus vertueuse.*

L'adjectif qui se rapporte à un article elliptique , se met au même genre et au même

nombre que l'article : = *La plus belle des fleurs.*
La annonce que le mot *fleur* est sous-entendu,
c'est-à-dire *la plus belle fleur des fleurs.* = *Le
plus riche de la ville :* le mot sous-entendu est
citoyen, c'est-à-dire *le plus riche citoyen*, &c.
= *La plus blanche du troupeau :* le mot sous-
entendu est *brebis*, c'est-à-dire *la brebis*, &c.

REMARQUE. *Le* avant *plus*, *moins*, *mieux*,
souvent n'exprime point de comparaison ; alors
il ne prend ni genre ni nombre : = *Ce sont les
livres que j'ai le plus consultés.* = *Nous ne pleurons
pas toujours, quand nous sommes le plus affligés.*
Le *plus*, dans ces exemples, n'emporte point de
comparaison.

Quand un adjectif se rapporte à un pronom
impersonnel, on met cet adjectif au masculin
singulier : = *Il est glorieux de combattre pour
sa patrie.*

PLACE ET RÉGIME DES ADJECTIFS.

Quant à la place des adjectifs, les uns se
placent avant le nom, comme *beau jardin*,
grand arbre; d'autres se placent après le nom,
comme *herbe amère*, *raisin sec.* Il faut, à cet
égard, consulter l'oreille et l'harmonie.

Les adjectifs, qui ont un sens vague, veulent
après eux un mot qui détermine leur signification ; comme *digne de récompense*, *propre à
la guerre. Récompense* est le régime de *digne*,
et *à la guerre* est le régime de *propre.*

REMARQUE. Il faut prendre garde de donner
à un adjectif un autre régime que celui que le
bon usage lui accorde. = EXEMPLE. *Digne* veut
être suivi de *de*, on dit *digne de* ; et *prêt* veut être
suivi de *à*, on dit *être prêt à.* Ce seroit une faute
de dire : *elle est prête de partir.*

Il faut que l'adjectif ajoute au sens du nom, alors il embellit la pensée.

> Il est un *heureux* choix de mots *harmonieux*;
> Fuyez des *mauvais* sons le concours *odieux*.

On dit: *il s'élève une tempête terrible*; mais on ne dira pas *une tempête orageuse*, parce qu'*orageuse* n'ajoute rien au sens de *tempête*.

DES ADJECTIFS DE NOMBRE.

L'adjectif de nombre ordinal prend le genre et le nombre du nom qu'il qualifie : = *La première année.* = *Les premiers fruits.*

L'adjectif de nombre cardinal ne prend jamais ni genre ni nombre : = *Les douze Apôtres.* = *Les quatre premiers chiffres.* (L'Académie écrit *quatres yeux* par euphonie). Excepté *un* : = *Un homme, une femme; vingt* et *cent*, qui prennent seulement le nombre.

Vingt et *cent* prennent la marque du pluriel, quand ils sont multipliés par un autre adjectif de nombre, et qu'ils sont immédiatement suivis d'un nom exprimé ou sous-entendu : = *Deux cents hommes, quatre-vingts volumes. Vingt* et *cent* prennent une *s*, parce que *vingt* est multiplié par quatre, et *cent* par deux. Parlant de soldats, on écrira : *il y en avoit deux cents.* Mais ils ne prennent point la marque du pluriel s'ils sont suivis d'un autre adjectif de nombre; ainsi, on écrira: *deux cent trois chevaux*, = *quatre-vingt-six volumes.*

REMARQUES. Le nombre cardinal s'emploie pour le nombre ordinal, quand on veut désigner les heures du jour, le quantième du mois, et en parlant de princes : = *Il est quatre heures*, pour *la quatrième heure.* = *Le vingt juillet*, pour *le vingtième jour de juillet.* = *Henri quatre*, pour *Henri quatrième.*

Quand on emploie le nombre ordinal, et qu'il y en a plusieurs de suite, le dernier seul est ordinal : = *La mille huit cent neuvième année de Jésus - Christ.*

Mille, adjectif de nombre, ne prend jamais d's : = *Deux mille hommes.* = *Les mille et une nuits.* Dans la supputation ordinaire des années, quand *mille* est suivi d'un ou de plusieurs autres adjectifs de nombre, on écrit *mil :* = *L'an mil huit cent neuf.* Dans toutes les autres occasions, on écrit *mille.*

Après les adjectifs de nombre *vingt*, *trente*, *quarante*, *cinquante*, *soixante*, on met la conjonction *et*, quand ils sont suivis d'un autre adjectif de nombre, qui commence par une voyelle : = *Vingt-et-un, trente-et-un, soixante-et-onze*, &c. Mais on supprime *et*, s'ils sont suivis d'un adjectif de nombre qui commence par une consonne : = *Vingt - deux, quarante - deux*, &c. *Cent*, joint à un autre adjectif de nombre, n'est jamais suivi de la conjonction *et :* = *Cent un, cent deux, cent vingt*, &c.

CONSTRUCTION DES NOMS COMPOSÉS.

Quand un nom composé est formé d'un adjectif et d'un nom, ou de deux noms, ils prennent, l'un et l'autre, la marque du pluriel : = *Un arc-boutant, des arcs-boutans ; une courte-pointe, des courtes-pointes ; un chou-fleur, des choux - fleurs.*

Quand un nom composé est formé d'une préposition ou d'un verbe, et d'un nom, le nom seul prend la marque du pluriel : = *Un entre - sol, des entre-sols ; un passe-port,*
des

des passe-ports ; un hors-d'œuvre, des hors-d'œuvres.

Quand un nom composé est formé de deux noms unis par une préposition, le premier des deux noms prend la marque du pluriel : $=$ *Un arc-en-ciel, des arcs-en-ciel ; un chef-d'œuvre, des chefs-d'œuvres.*

Coq-à-l'âne, prie-dieu, tête-à-tête, pot-au-feu ne prennent point la marque du pluriel.

CHAPITRE IV.

DES PRONOMS.

LES pronoms suivent les mêmes règles que les adjectifs : ainsi, s'ils représentent plusieurs noms, on les mettra au pluriel ; ou au masculin pluriel, si les noms sont de différents genres. Parlant de la mère et de la fille, on dira : *elles sont heureuses* ; on met *elles*, parce qu'il représente deux noms du même genre. Parlant du frère et de la sœur, on dira : *ils sont égaux* ; on met *ils*, parce qu'il représente deux noms de différens genres.

Je, me, moi se disent des personnes seulement, et sont du même genre que les noms dont ils tiennent la place. L'adjectif qui s'y rapporte doit se mettre aussi au même genre. Ainsi, si c'est un homme qui parle, on dira : *je suis heureux* ; si c'est une femme, on dira : *je suis heureuse.*

Je est toujours nominatif du verbe, et ne peut jamais en être séparé que par un autre pronom personnel, ou *en* et *y* : $=$ *J'aime,* $=$ *je lui parlerai,*

= *j'en donnerai*, = *j'y enverrai*. Il se place après le verbe, auquel il est lié par un trait-d'union : 1.° Dans les phrases interrogatives : = *Que répondrai-je ?* 2.° Quand on l'emploie en forme de souhait : = *Puissé-je vous voir heureux.* 5.° Quand on s'en sert par manière de doute : *Peut-être irai-je.* 4.° Quand il est précédé de quelques adverbes : = *Aussi puis-je vous assurer.*

Me ne s'emploie qu'en régime ; tantôt en régime simple, comme *vous me soupçonnez mal-à-propos ;* tantôt en régime composé (alors le mot *à* est sous-entendu), comme *vous me donnez un bon conseil,* c'est-à-dire *vous donnez à moi.* Il se place ordinairement devant le verbe ; excepté lorsqu'il se rencontre tout à la fois que le verbe est à l'impératif, que la phrase est affirmative, et que le pronom *en* suit immédiatement *me* : = *J'ai besoin de sages conseils, donnez-m'en.*

Si la phrase est négative, il se place devant le verbe : = *Ne m'en parlez pas.* Mais, si *me* est suivi de *y*, il ne se place jamais après le verbe. Ainsi, on dira : *vous m'y attendrez ;* mais on ne dira pas *attendez-m'y.*

Moi, au nominatif, l'est toujours d'un verbe sous-entendu : = *Il est plus jeune que moi,* c'est-à-dire *que moi ne suis jeune.*

Moi, en régime, se place toujours après le verbe qui est à l'impératif, soit qu'il soit en régime simple, comme *louez-moi ;* soit qu'il soit en régime composé, comme *dites-moi la vérité ; pensez à moi.* Mais, si le verbe n'est pas à l'impératif, alors *moi* est toujours précédé d'un article ou d'une préposition : = *Ils auront affaire de moi ;* = *je prends cela pour moi.*

Moi s'emploie par réduplication avec *je,* soit qu'il soit placé après le verbe : = *je prétends moi ;*

soit qu'il soit placé devant le verbe : = *Moi je prétends* ; soit que *je* soit sous-entendu : = *Moi, trahir le meilleur de mes amis !* c'est-à-dire, *moi, je pourrois trahir*, &c.

Moi s'emploie par apposition avec *me*, et se met avant ou après *me* : = *Voudriez-vous me perdre, moi ?* = *Moi, me soupçonneriez-vous de*, &c., c'est-à-dire *moi qui suis*, &c.

Il se met par apposition avec *nous*, lorsqu'il est accompagné d'un autre nom ou pronom, et que ce nom ou ce pronom, et *moi*, sont tout ensemble l'apposition et l'explication de *nous* : = *Vous et moi nous irons à la campagne*. Il faut observer que *moi*, étant joint à un autre nom ou pronom, se place le dernier : = *Vous et moi, votre sœur et moi* ; à moins que le nom auquel il est joint, ne soit celui d'une personne très-inférieure. Ainsi, un père dira : *moi et mon fils*.

Il s'emploie aussi par redondance, et pour donner plus de force à ce qu'on dit : = *Faites-moi taire ces gens-là* ; et en terme explétif : = *Prenez-moi ce flambeau*.

Il se place après *y* ; ainsi, on dira : *menez-y-moi*.

Nous est, ou nominatif, *nous allons* ; ou régime, *vous nous louez, vous nous rendrez service*.

Nous, au nominatif, suit la même règle que *je* ; s'il est régime, il suit la même règle que *me*.

Nous, accompagné d'*en* ou d'*y*, se place toujours avant ces mots : *Nous en demanderons*. = *Donnez-nous-en*. = *Nous y irons*. = *Menez-nous-y*.

Nous s'emploie au singulier pour les pronoms *je* et *moi*, dans plusieurs formules ; l'adjectif qui s'y rapporte doit être mis au singulier : = *Nous tel certifions*. = *Nous tel déclarons*, &c.

Tu , *te* , *toi* , *vous* se disent des personnes et des choses personnifiées. Parlant à une personne on dira : *vous viendrez me voir.* S'adressant à des choses , on dira : *pays charmant , je vous quitte à regret.*

Tu s'emploie de la même manière que *je* ; *te* , de la même manière que *me* ; *toi* , de la même manière que *moi* ; et *vous* , de la même manière que *nous.*

Vous , ne désignant qu'une seule personne, veut le verbe au pluriel ; et l'adjectif, qui le qualifie, au singulier. Parlant à un enfant, on dira : *si vous étudiez bien , vous deviendrez savant.*

Il , *elle* , *le* , *la* , *les* se disent des personnes et des choses. Parlant d'un homme , et de ses ouvrages , on dira : *il a fait plusieurs ouvrages , je les ai lus.* Parlant d'une campagne , on dira : *elle est agréable , je l'ai parcourue.*

Il , *elle* sont toujours nominatif, et s'emploient de la même manière que *je.* Excepté : 1.º Qu'*elle* peut être nominatif d'un verbe sous-entendu : = *Il est plus laborieux qu'elle* ; c'est-à-dire *qu'elle n'est laborieuse.* 2.º Qu'on interpose élégamment quelques mots entre ce pronom et le verbe : = *Elle , sans s'embarrasser des suites , prend le parti de ,* &c. 3.º Que ce pronom est quelquefois régime : = *Il est digne d'elle* ; *il parle pour elle.*

Le , *la* , *les* sont toujours le régime simple d'un verbe ; ils se placent ordinairement devant le verbe , et peuvent se tourner par *lui* ou *elle.* Parlant d'un homme , on dira : *je le connois*, c'est-à-dire *je connois lui* ; d'une femme , *je la connois*, c'est-à-dire *je connois elle.* Ils se placent après le verbe , quand la phrase est impérative. Parlant de livres , on dira : *prenez-les.*

REMARQUE. *Le*, se rapportant à un adjectif ou à un verbe, s'emploie pour *cela*; alors il n'a ni pluriel ni féminin. Ainsi, si l'on demande à une femme : *êtes-vous malade ?* elle doit répondre, *oui je le suis*; c'est-à-dire *je suis cela.* = *Ma fille et ma nièce ont été enrhumées, et le sont encore.* = *On doit faire le bien quand on le peut.* Mais si l'adjectif est un nom elliptique, alors le pronom prend le genre et le nombre. Ainsi, si l'on disoit: *êtes-vous la malade?* alors elle doit répondre : *oui je la suis*; c'est-à-dire *je suis elle.*

N o t a. Le, la, les sont pronoms personnels, lorsqu'on peut les tourner par *lui*, *elle*, *eux*, *elles*: ces mots sont articles, si on ne le peut pas. = *Le toucher*, *le* est article ; et *je vais le toucher*, *le* est pronom, parce qu'on peut dire *je vais toucher lui.*

Lui, ordinairement régime composé, se met pour *à lui, à elle*; *à* est sous-entendu. Ce pronom est des deux genres : = *J'ai vu votre père, et je lui ai parlé*; c'est-à-dire *j'ai parlé à lui.* = *J'ai rencontré votre sœur, et je lui ai parlé*; c'est-à-dire *j'ai parlé à elle.*

Dans tous les autres cas, ce pronom est masculin : = *Il ne travaille que pour lui.*

Ce pronom, employé par réduplication, est le nominatif du verbe : = *C'est lui qui me l'a donné.* = *Vous pensez ainsi, mais lui il pense autrement.*

Ce pronom ne se dit que des personnes ; ainsi, on feroit une faute, en parlant d'un crayon, si l'on disoit: *c'est avec lui que j'ai fait ce dessin*; il faudroit dire : *c'est avec ce crayon.* En parlant d'une maison : *je lui ajouterai un pavillon,* il faut dire : *j'y ajouterai.* On l'emploie néanmoin quand il se rapporte à des choses qu'on personnifie : = *C'est à l'amour propre, c'est à lui seul que nous rapportons toutes nos actions.*

Leur se met pour *à eux, à elles,* et ne se dit que des personnes : = *Il aime ses enfans, et il leur donne une belle éducation,* c'est-à-dire *à eux, à elles.*

Lui, leur se disent des animaux et des choses inanimées, quand ils sont joints à un verbe qui ne convient proprement qu'aux personnes : = *Cet arbre est trop chargé; ôtez-lui une partie de son fruit.* = *Visitez les chevaux, et leur donnez à manger.*

Lorsque plusieurs pronoms personnels sont régis par un verbe, le régime composé se place avant le régime simple : = *Je me le persuade, ne nous le dites pas.* Mais, si le régime composé est représenté par les pronoms *lui, leur,* alors le régime simple se place avant le régime composé : = *Nous le lui dirons, ne le leur dites pas.*

Lorsque deux verbes, à l'impératif, se suivent, et ont un même régime ; on répète le régime, et on place le premier régime après le premier verbe, et le second régime avant le second verbe : = *Prenez vos livres et les vendez.*

Se, des deux genres et des deux nombres, précède toujours le verbe dont il est le régime, ou simple ou composé : = *Il se flatte ;* c'est-à-dire *il flatte lui.* = *Il se nuit ;* c'est-à-dire *il nuit à lui.*

Soi, pronom des deux genres, et seulement du nombre singulier, ne s'emploie que dans les phrases où il y a un nominatif vague et indéterminé, comme *on, chacun,* &c. = *On doit parler rarement de soi.* = *Chacun travaille pour soi.* = *On a souvent besoin d'un plus petit que soi.* Mais on doit employer *lui,* si le nominatif est déterminé : = *Cet homme a la foiblesse d'être mécontent de lui.* = *Cet autre a la sottise d'être *trop content de lui.* Néanmoins, lorsque le nominatif est une chose déterminée, on peut employer *soi*, si l'on veut désigner une chose qui convienne à plusieurs ; on doit employer *lui*, si ce que l'on dit ne convient qu'à un seul. Ainsi, on dira *ce héros emprunte de lui tout son lustre*, si l'on veut désigner une chose qui lui soit propre ; èt *un héros emprunte de soi tout son lustre*, si l'on veut désigner une chose commune à tous les héros.

Quand *soi* a rapport aux choses, il se dit non seulement avec un nominatif indéterminé, mais même avec un nominatif déterminé : = *Le vice est odieux de soi,* = *La vertu est aimable en soi.*

Même, joint à *soi*, ne signifie rien de plus que *soi* mis absolument ; mais il signifie d'une manière plus expressive : = *Il faut conduire ses affaires soi-même.*

En et *y*, ayant rapport à un nom qui précède, se placent devant le verbe, dans la phrase expositive : = *Cette affaire est délicate, le succès en est douteux.* = *Quant à la raison que vous m'alleguez, je m'y rends.* Ils se placent après le verbe dans la phrase impérative: = *Si ces fruits sont de votre goût, prenez-en.* = *C'est un honnête homme, fiez-vous y.*

En se met quelquefois, sans relation, à quelque chose qui ait été exprimée auparavant ; cependant il ne laisse pas de marquer quelque chose de sous-entendu : = *Il en veut depuis long-tems à un tel,* c'est-à-dire *il veut du mal.* Quelquefois, il se met par redondance , sans relation à aucune chose , ni exprimée ni sous-entendue : = *Il en est de cela, comme de la plupart des choses du monde.* = *Je m'en vais partir.* = *Nous nous en allons à la promenade.* Mais *en* étant joint au verbe *aller*, *retourner*, *venir*, alors ces verbes s'emploient dans la signification de *sortir*, *partir*, *se retirer* : = *Adieu*, *je m'en vais*. = *Si vous avez affaire*, *je m'en irai*.

Quelquefois *y* n'est qu'une simple particule explétive , comme *il y a des gens*, *y a-t-il quelque chose pour votre service*.

PRONOMS POSSESSIFS ET DÉMONSTRATIFS.

Les pronoms possessifs et les démonstratifs prennent le genre et le nombre des noms auxquels ils se rapportent : = *Voilà mon livre.* = *Voici ma plume.* = *Prenez ce livre et cette plume.*

Les pronoms se répètent devant chaque nom , soit commun , soit elliptique : = *J'ai vu son jardin et sa maison*, *ses grands et ses petits appartemens*, et non pas *ses jardin et maison*, *ses grands et petits appartemens*. = *Ce temple et cet autel sont magnifiques*, et non pas *ces temple et autel* , &c.

On peut, après un nom de chose inanimée, joindre les pronoms *son*, *sa*, *ses*, *leur*, *leurs*, à un second nom exprimé dans la même phrase. Ainsi, on dira : la *Seine a sa source en Bourgogne*. On dit *sa*, parce que *Seine* et *source* sont dans la même phrase.

La même règle a lieu si le second nom est en régime composé, quoiqu'il ne soit pas dans la même phrase : = *Voilà un beau temple ; j'admire l'architecture de ses colonnes*. On dit *ses*, parce que *colonnes* est en régime composé. Si le second nom, n'étant pas dans la même phrase, est en régime simple ou au nominatif, alors au lieu des pronoms *son*, *sa*, *ses*, *leur* ou *leurs*, on se servira du pronom *en* : = *Il est arrivé une affaire bien malheureuse ; j'en crains les suites*, et non pas *ses suites.* = *Voilà un beau jardin ; la situation en est heureuse,* et non pas *sa situation.* On met *en*, parce que *suite* n'est pas dans la même phrase qu'*affaire*, et *situation* dans la même que *jardin.*

Remarque. Les pronoms possessifs ne peuvent pas s'employer avec des pronoms personnels de la même personne, lorsque l'on parle des parties du corps humain. Ainsi, on dira : *J'ai mal à la tête,* et non pas *à ma tête.* = *Il a mal à la jambe,* et non pas *à sa jambe.*

Les pronoms possessifs relatifs *le mien*, *le tien*, *le sien* ne peuvent point se rapporter à un nom commun qui n'est point précédé de l'article défini. Ainsi, on ne dira pas : *chaque père de famille doit bien gouverner la sienne,* mais *ses enfans ;* et en parlant d'un homme qui excelle à tirer des armes, on ne dira pas : *il n'y a pas au monde de meilleure épée que la sienne,* mais *que lui.*

Ne confondez pas *leur*, pronom possessif, avec *leur*, pronom personnel ; parce que *leur*, pronom personnel, ne prend jamais d'*s*. *Leur*, pronom possessif, peut toujours se tourner par *de lui, d'elle :* = *Leurs jardins sont beaux,* c'est-à-dire *les jardins d'eux. Leur*, pronom personnel, peut toujours se tourner par *à eux, à elle :* = *Je leur dois le respect,* c'est-à-dire *je dois à eux.*

Ne confondez pas *ce*, pronom démonstratif, avec *se*, pronom réfléchi. *Ce*, pronom démonstratif, s'emploie pour *ceci, cela, celui-ci, celui-là, cette chose.* Ainsi, on écrira *ce* par *c* toutes les fois que l'on pourra mettre un de ces mots à sa place : = *Ce sera moi qui vous délivrerai,* c'est-à-dire *celui-là qui,* &c.

Se, pronom réfléchi, s'emploie pour *lui* ou *soi.* Ainsi, on écrira *se* par *s* toutes les fois que l'on pourra mettre *lui* à sa place : = *Télémaque se disposoit à répondre ;* c'est-à-dire *disposoit lui.*

Ne confondez pas *ses*, pronom possessif, avec *ces*, pronom démonstratif. *Ses*, pronom possessif, s'emploie pour *de lui, d'elle.* Ainsi, on écrira *ses* par *s* toutes les fois qu'on pourra le tourner par *de lui, d'elle :* = *Une bonne mère aime tous ses enfans,* c'est-à-dire *les enfans d'elle.*

Ces s'écrira par *c*, lorsque l'on ne pourra pas le tourner par *de lui, d'elle*, ou que l'on pourra ajouter au mot qui le suit les syllabes *ci, là :* = *Que ces vains ornemens, que ces voiles me pèsent,* c'est-à-dire *ces vains ornemens-ci, ces voiles-ci.*

Ce, placé devant le verbe *être,* veut le verbe à la troisième personne du singulier, quand celui-ci est suivi de *moi, toi, nous, vous,* d'un nom singulier ou d'un pronom pluriel de la troisième personne, en régime composé. Ainsi, on dira : *c'est moi, c'est toi, c'est nous, c'est vous, c'est votre fils, c'est d'eux, c'est à eux.* Mais si le verbe *être* est suivi d'un pronom pluriel de la troisième personne en régime simple, ou d'un nom pluriel aussi en régime simple, ce verbe doit être mis au pluriel : = *Ce sont les ennemis de l'état, ce sont eux contre lesquels vous devez exercer votre valeur.* = *Ce sont de très-honnêtes gens.* (Académie).

Remarquez, que, si *être* est suivi de plusieurs noms singuliers, il reste au singulier, quoique ceux-ci valent un pluriel : = *C'est votre frère et votre ami qui,* &c.

Ce s'emploie quelquefois par réduplication : = *Ce qui m'inquiète le plus, c'est,* &c.

C'est ne veut après lui de régime composé, que quand il est suivi d'un pronom ou d'un verbe : = *C'est votre illustre mère à qui je veux parler.* (Racine).

Celui-là, *celle-là* s'emploient pour désigner des choses dont on a parlé en premier lieu : *celui-ci*, *celle-ci*, pour désigner des choses dont on a parlé en dernier lieu : = *Les deux philosophes Héraclite et Démocrite étoient d'un caractère bien différent ; celui-ci rioit toujours, celui-là pleuroit sans cesse.*

Ceci désigne une chose plus proche , *cela* désigne une chose plus éloignée : = *Je n'aime pas ceci, donnez-moi cela.*

PRONOMS RELATIFS ET ELLIPTIQUES.

Qui, que, dont, pronoms relatifs, se disent des personnes et des choses : = *L'enfant qui lit.* = *La roue qui tourne.* = *La personne ou la chose que vous connoissez , ou dont nous parlons.*

Qui, en régime composé , ne se dit que des personnes , des animaux ou des choses personnifiées : = *La personne à qui vous avez parlé.* = *Tel qu'un loup à qui des bergers ont arraché sa proie.* = *O rochers escarpés ! c'est à vous que je me plains ; car il n'y a que vous à qui je puisse me plaindre.* Mais, précédé d'une préposition ou de l'article indéterminé , il se dit des personnes seulement : = *La personne contre qui je plaide.* On ne dira pas : *la loi à qui nous obéissons*, mais *à laquelle ; le cheval sur qui je suis monté*, mais *sur lequel.*

Qui, pronom elliptique , ne se dit que des personnes : = *Qui a fait cela? Je ne sais qui a fait cela*, c'est-à-dire *quelle personne.*

Que, quoi, pronoms elliptiques , ne se disent que des choses , et signifient *quelle chose* : = *Que faites-vous ? à quoi vous amusez-vous ?* c'est-à-dire *quelle chose.*

Que s'emploie en régime simple et en régime composé : = *Que sert la science sans la vertu,* c'est-à-dire *à quoi.* = *Que dites-vous?* c'est-à-dire *quelle chose.* Mais *quoi* ne s'emploie qu'en régime composé : = *A quoi prétendez-vous? De quoi vous avisez-vous,* c'est-à-dire *à quelle chose* ou *de quelle chose.* On ne dit pas : *Quoi voulez-vous? Quoi cherchez-vous?*

Lequel se dit des personnes et des choses, et est toujours suivi d'un nom pluriel, dont il prend le genre : = *Lequel de ces enfans connoissez - vous?* = *Laquelle de ces étoffes choisissez - vous ?*

RÈGLE. Les pronoms relatifs sont du même genre, du même nombre et de la même personne que leurs antécédens ; il faut donc mettre l'adjectif et le pronom qui s'y rapportent au même genre et au même nombre ; et le verbe, au même nombre et à la même personne que leurs antécédens. = EXEMPLE : *L'art*, *qui nourrit les hommes, est le premier des arts : qui* est au singulier, et de la troisième personne , parce que *art* est son antécédent. = *Les espérances que vous lui avez données : que* est au féminin pluriel , parce que *espérances* est son antécédent. = *C'est moi qui ai fait ce dessin : qui* est de la première personne , parce que *moi* est son antécédent.

C'est donc une faute de dire : *Ulysse fut un des rois qui a renversé la fameuse Troie,* parce que ce n'est pas Ulysse seul qui a renversé Troie, mais Ulysse avec plusieurs autres ; il faudroit donc *qui ont.* Cependant l'Académie dit : *L'astronomie est une des sciences qui fait* ou *qui font le plus d'honneur à l'esprit humain.* Pour moi, je préfère le dernier ; parce qu'il ôte toute amphibologie, quoique l'Académie dise que le premier est plus usité.

Remarquez que les pronoms relatifs suivent les mêmes règles que les adjectifs ; c'est-à-dire qu'ils sont au pluriel, s'ils se rapportent à plusieurs noms : = *Tibère et Justinien, qui s'avançoient, entendirent ces derniers mots.* = *J'ai senti notre séparation avec toute la douleur et toute l'amertume que j'avois imaginées* ; qu'ils suivent la loi du dernier nom , si ces noms sont à-peu-près synonymes : = *Il n'avoit point encore perdu cette vive blancheur et cet éclat qui charme les yeux.* (Fénélon). = *Il y a, dans la véritable vertu, une candeur et une ingénuité à laquelle on ne se méprend point.* (Fénélon) ; qu'ils suivent la loi du collectif : = *C'est l'armée des français qui a été victorieuse* ; qu'ils subissent la loi du nom qui suit le nom partitif ou l'adverbe de quantité : = *Celui qui sait se faire aimer, entreprend peu d'affaires qui ne lui réussissent.*

Il arrive souvent qu'un pronom relatif, placé après plusieurs noms , ne se rapporte qu'au dernier ; alors il prend le genre, le nombre et la personne de ce dernier : = EXEMPLE : *Ma mollesse et l'ascendant que Protésilas avoit pris sur moi, me jettoient...* Que, dans cet exemple, se rapporte au dernier nom, parce que Protésilas avoit pris de *l'ascendant* sur moi, et non pas ma mollesse. = *Pénélope sa femme, et moi qui suis son fils ; qui,* dans cet exemple, se rapporte à *moi,* et non pas à *Pénélope.*

Après *c'est en, c'est à,* on doit mettre *que* ; ainsi, on dira : *c'est en Dieu que j'espère,* et non pas *en qui* ; = *c'est à vous que je parle,* et non pas *à qui. Que,* dans ces phrases, est conjonction.

DES PRONOMS INDÉFINIS.

On, toujours nominatif, désigne la troisième personne du singulier du verbe : = *On lui a écrit une lettre*. Lorsque ce pronom est placé après le verbe, il doit être précédé du trait-d'union : = *Que dit-on ?* Et, si le verbe se termine par une voyelle, il doit être précédé d'un *t* entre deux traits-d'unions : = *Qu'en dira-t-on ?*

Après les monosyllabes *si, on, que*, on doit faire précéder ce pronom de *l'*, pour éviter l'hiatus et un son dur; ainsi, aulieu de dire : *si on savoit où on va, et qu'on pût lire dans l'avenir*, on dira : *si l'on savoit où l'on va, et que l'on pût lire dans l'avenir.*

Cependant, si en plaçant *l'* après *si, on, que*, on produit un autre son désagréable, on ne doit pas l'employer; ainsi, on ne dira pas, en parlant d'une lettre : *que l'on la lise*, mais *qu'on la lise*. Ces lettres *l'* et *t* s'appellent *lettres euphoniques*.

Quoique ce pronom soit ordinairement masculin, cependant il y a des circonstances qui marquent si précisément qu'on parle d'une femme, qu'alors il est féminin : = *On n'est pas maîtresse d'accoucher le jour que l'on voudroit.* = *Quand on est jolie, on ne l'ignore pas.* (Acad.)

Quelqu'un ne se dit que des personnes : = *Quelqu'un l'a vu.* = *Je parle de quelqu'un.* *Quelqu'un*, au pluriel, ne s'emploie qu'au nominatif : = *Quelques-uns prétendent cela*; mais on ne dira pas *je connois quelques-uns*; *j'ai vu quelques-uns.*

Quelqu'un, *quelqu'une*, se rapportant à un nom, prend le genre et le nombre du nom : = *C'est le sentiment de quelques-uns de nous.* = *Prenez quelques-unes de ces fleurs.*

Chacun, pronom distributif, sans pluriel; quand il se rapporte à un nom, il en prend le genre : = *On trouva, dans chacun de ses tiroirs*, &c. = *Il faut remettre ces livres chacun à sa place.* (Académie).

Quiconque signifie *toute personne qui* ; il est ordinairement masculin, et n'a point de pluriel : = *Quiconque est capable de mentir, est indigne d'être compté au nombre des hommes* ; c'est-à-dire *toute personne qui.* Ce pronom est nominatif de deux verbes, comme on le voit dans l'exemple précédent. Il est quelquefois féminin ; et l'on peut dire, en parlant à des femmes : = *Quiconque de vous sera assez hardie pour médire de moi, je l'en ferai repentir.* (Académie).

Personne n'a point de pluriel, précédé ou suivi de *ne* ; il signifie *nul homme* ou *nulle femme* : = *Personne ne veut être trompé*, c'est-à-dire *nul homme* ou *nulle femme.* Ce pronom est toujours masculin singulier ; ainsi, l'adjectif qui s'y rapporte doit être mis au masculin singulier : = *Je ne connois personne plus heureux que votre sœur*, et non pas *heureuse. Personne*, sans négation, signifie *quelqu'un* : = *Personne a-t-il narré plus naïvement que La Fontaine ?* c'est-à-dire *quelqu'un a-t-il narré ?*

Personne, nom, est féminin : *cette personne est heureuse.*

Autrui n'a point de pluriel : il signifie *les autres personnes* ; il ne se dit que des personnes, et ne s'emploie qu'en régime composé : = *Le mal d'autrui n'est qu'un songe* ; c'est-à-dire *le mal des autres personnes.* = *Ne faire aucun mal à autrui* ; mais on ne dit pas *mépriser autrui, aimer autrui.*

Rien, masculin singulier, ne se dit que des choses ; précédé ou suivi de *ne*, il signifie *aucune chose* : = *Rien ne le touche*, c'est-à-dire *aucune chose ne le...* = *Il ne tient à rien*, c'est-à-dire *il ne tient à aucune chose.* Mais, si *rien* n'est point accompagné de *ne*, il signifie *quelque chose* : = *Est-il rien de plus beau ?* c'est-à-dire quelque chose. = *Qui vous reproche rien ?* c'est-à-dire *quelque chose.*

Rien, au pluriel, signifie bagatelles, choses de peu d'importance : = *Ces difficultés sont des riens ;* c'est-à-dire *des bagatelles.*

Quelque, est des deux genres, se dit au pluriel comme au singulier ; il est toujours suivi d'un nom : = *Quelque auteur en a parlé ; il a encore quelques amis.*

Chaque est toujours suivi d'un nom : il ne s'emploie point au pluriel, et signifie *une personne* ou *une chose* prise séparément : = *Chaque pays a ses usages ; chaque chose a son nom.*

Quelconque signifie *nul, aucun, quel que ce soit ;* il ne se met qu'avec la négative, et toujours après le nom : = *Il n'y a raison quelconque qui puisse l'y obliger.* Il s'emploie aussi sans négative, pour signifier *quel qu'il soit , quelle qu'elle soit*, et alors il a un pluriel : = *Une ligne quelconque étant donnée ; deux points quelconques étant donnés.*

Nul, pas un, n'ont point de pluriel, signifient, étant seuls, *nul homme, nul femme*, et s'emploient , avec la négation *ne* : = *Nul ne sait s'il est digne de louange ou de blâme. Pas un ne le dit ;* c'est-à-dire *nul homme* ou *nulle femme ne sait* ou *ne le dit*, &c. *Pas un*, étant joint à un nom, a la même signification : = *Il n'y avoit pas une seule femme qui*, &c. Mais *nul*, étant joint à un nom , signifie *aucun* : = *Il n'a nulle exactitude.* = *Nul de tous ceux qui y ont été n'en est revenu.* (Académie).

Aucun signifie *nul*, et s'emploie avec la négation *ne* : = *Vous n'avez aucun moyen de réussir dans cette affaire.* = *Je ne connois aucun de vos juges.* (Académie). *Aucun*, s'employant dans le sens de *nul*, ne devroit point avoir de pluriel. Cependant

Cependant l'Académie dit que l'on peut dire : = *Il ne m'a rendu aucuns soins.* = *Il n'a fait aucunes dispositions.*

Aucun, sans négation, s'emploie au pluriel : = *Il a obtenu ce qu'il vouloit, sans aucuns frais.* (Académie).

Aucun s'emploie aussi dans le même sens, en style de palais et en style badin ; alors il signifie *quelques-uns* : = *Ce fait raconté par aucuns.* = *D'aucuns croiront que j'en suis amoureux.*

L'un l'autre se disent des personnes et des choses, tant au singulier qu'au pluriel ; n'étant point séparés, ils expriment un rapport réciproque entre plusieurs choses ou plusieurs personnes : = *Le feu et l'eau se détruisent l'un l'autre* ; c'est-à-dire, réciproquement.

L'un l'autre, employés séparément, marquent division : *l'un* est mis pour les personnes et les choses dont on a parlé en premier lieu ; *l'autre*, pour les personnes et les choses dont on a parlé en dernier lieu : = *Le docile et le foible sont susceptibles d'impressions différentes ; l'un en reçoit de bonnes, et l'autre de mauvaises.*

Tel signifie pareil, semblable : = *Il tint à-peu-près un tel discours.*

Tel sert à marquer le rapport de deux choses que l'on compare ; il se construit avec *que* : = *Il est tel que son père.* = *Cette étoffe est telle que vous la voulez.*

Il s'emploie aussi pour exprimer les comparaisons : = *Il est tel qu'un lion.* Il signifie aussi quelqu'un ou celui qui : = *Tel fait des libéralités, qui souvent ne paye pas ses dettes.*

Tel quel signifie de peu de valeur, de peu de considération : = *Voilà des gens tels quels ; une maison telle quelle.*

I

Plusieurs, ne s'emploie qu'au pluriel : = *Plusieurs sont trompés en voulant tromper les autres.*

Tout, quand il n'est point joint à un nom, signifie *toute chose* ; il est du masculin singulier : *Tout doit, dans notre cœur, céder à l'équité.* (Crébillon) ; c'est-à-dire *toute chose.*

Qui que ce soit, masculin singulier, ne se dit que des personnes ; employé sans négation il signifie *quelque personne que* : = *A qui que ce soit que nous parlions, nous devons être polis* ; c'est-à-dire *à quelque personne* ; &c. Suivi ou précédé de *ne*, il signifie *personne, nul* : = *Je n'envie la fortune de qui que ce soit* ; c'est-à-dire *de personne.*

Quoi que ce soit ne se dit que des choses ; sans négation il signifie *quelque chose que* : = *A quoi que ce soit qu'il s'occupe, il le quitte sur-le-champ, dès que son devoir l'appelle* ; c'est-à-dire *à quelque chose.* Avec une négation, il signifie *rien* : = *Il ne m'est arrivé quoi que ce soit*, c'est-à-dire *rien.*

Quoique, ecrit en deux mots, signifie *quelque chose que* : = *Quoi qu'il en arrive.* = *Quoi que vous en disiez.* (Académie).

CHAPITRE V.

DU VERBE.

Tout verbe personnel qui n'est pas à l'impératif, dans les tems où il a différentes personnes, s'accorde en nombre et en personne avec son nominatif. = EXEMPLE : *J'attends vos lettres avec une juste impatience.* Je mets *attends* à la première personne du singulier ; parce que *je*, son nominatif, est de la première personne du singulier.

Si le verbe a pour nominatif plusieurs pronoms de différentes personnes, on doit le mettre au pluriel, et à la plus noble personne, en le faisant précéder du pronom pluriel de la plus noble personne ; la première est plus noble que les deux autres, la seconde est plus noble que la troisième : = *Ma mère et moi, depuis notre exil, nous avons appris les petits travaux du ménage.* On met *nous avons*, parce que le verbe s'accordant avec la plus noble personne, *moi*, qui est de la première personne, est plus noble que *ma mère*, qui est de la troisième. = *Vous, et celui qui vous mène, vous périrez.* On met *périrez*, parce que *vous*, qui est de la seconde personne, est plus noble que *celui*, qui est de la troisième.

REMARQUE. On suit la même règle, soit que les pronoms personnels soient liés par la conjonction *et*, ou par la conjonction *ou* : = *Votre frère et moi, nous irons à la campagne. Votre ami ou moi, nous ferons ce voyage.* On peut placer ces pronoms après le verbe : = *Nous irons à la campagne, lui, vous et moi.* Mais si le nominatif du verbe n'est composé que de mots à la troisième personne, on ne répète point un autre pronom : = *Pierre et Paul sont arrivés. Elle et lui viendront.* On ne répète point de pronom, parce que *Pierre et Paul, elle, lui,* sont de la troisième personne.

On peut, suivant l'Académie, employer le singulier ou le pluriel, après *l'un et l'autre, ni l'un ni l'autre.* Plusieurs grammairiens pensent que l'on doit employer le pluriel après *l'un*

et l'autre : = *L'un et l'autre nous ont manqué ;*
et le singulier, après *ni l'un ni l'autre :* = *Ni
l'un ni l'autre n'est mon père.* Mais si *l'un et
l'autre, ni l'un ni l'autre* sont placés après le
verbe, celui-ci doit toujours être mis au pluriel :
= *Ils vouloient, l'un et l'autre, se trouver ici ;
mais ils ne s'y sont trouvés ni l'un ni l'autre.*

REMARQUE. On ne doit pas changer de personne dans une phrase ; ainsi, cette phrase n'est
pas correcte : *on censure dans les autres les
défauts que nous avons nous - mêmes ;* il faut
que l'on a soi - même ; ou *nous censurons,* &c.

DE L'INFINITIF.

Remarquez : 1.º Que le présent de l'infinitif
est invariable ; c'est-à-dire qu'il ne prend jamais
ni genre ni nombre : = *J'ai entendu votre sœur
chanter ; j'ai entendu vos sœurs chanter.* On
voit que *chanter* est écrit ici de la même manière après un nom pluriel, qu'après un nom
singulier ;

2.º Que l'infinitif présent se rapporte à un
verbe, et marque un présent relatif au tems
du verbe auquel il se rapporte : = *J'entends
votre sœur chanter ; chanter* exprimé un présent,
parce que *j'entends* exprime un présent. = *J'ai
entendu votre sœur chanter ; chanter* exprime
ici une action qui étoit présente dans le tems
où l'on parle. = *J'entendrai votre sœur chanter ;
chanter* désigne une action qui sera présente
dans le tems où l'on parle ;

3.º Qu'un verbe, qui se rapporte à un autre
verbe ou à une préposition, doit se mettre à
l'infinitif · = *Il faut soulager les malheureux.*
= *Il est à propos de soulager les malheureux.
Soulager* est à l'infinitif, parce qu'il se rapporte

à la préposition *à* et au verbe *il faut*. Alors, il est régime du verbe auquel il se rapporte. Mais, s'il se rapporte à l'un des verbes auxiliaires *avoir* ou *être*, alors il se met au participe passé : == *Le feu sacré étoit allumé.* == *Déjà on nous avoit couronnés de fleurs.* *Allumé* et *couronnés* sont au participe passé, parce qu'ils se rapportent aux verbes auxiliaires *avoir* et *être*;

4.º Que, si le sens de la phrase exprime continuation d'action, le verbe qui exprime cette continuation se met à l'infinitif, et peut toujours se tourner par le participe présent ou par l'imparfait de l'indicatif : == *Jugez quelle fut ma surprise, quand je vis les vaisseaux fendre les ondes.* *Fendre* est à l'infinitif, parce qu'il exprime la continuation de l'action que le sens de la phrase exige; car on peut dire : *quand je vis les vaisseaux fendant* ou *qui fendoient les ondes*;

5.º Si le sens de la phrase exprime une action achevée, le verbe qui l'exprime doit se mettre au participe passé, au même genre et au même nombre que le nom ou pronom auquel le participe se rapporte, et peut toujours être précédé de *qui est* : == *Ce vieillard, que tu vois couronné de fleurs, est le fameux Bélus.* *Couronné* est au participe passé, parce qu'il exprime une action finie; car on peut mettre *qui est* devant, et dire *qui est couronné*; il est au masculin, parce qu'il se rapporte à *vieillard* qui est du masculin;

6.º Que l'infinitif présent est quelquefois nominatif : == *Imaginer vivement et peindre avec force ne sont pas les seuls moyens qu'on ait de remuer les cœurs.* *Imaginer* et *peindre* sont nominatifs de *sont*.

DE L'INDICATIF.

On se sert du présent de l'indicatif, pour exprimer des choses qui sont toujours vraies : comme *Dieu est tout-puissant* ; pour désigner des choses que l'on a coutume de faire, quoiqu'on ne les fasse pas dans le moment où l'on parle : comme *je lis l'histoire de France* ; pour exprimer un futur, en y joignant un adverbe : comme *je pars demain.*

On emploie le présent pour le passé, quand on veut donner plus de vivacité au récit : = *Leurs voiles étoient meilleures que les nôtres, le vent les favorisoit, ils nous abordent, nous prennent et nous emmènent prisonniers en Egypte.* (Fénélon). Ce qui donne plus de vivacité que si l'on disoit : *ils nous abordèrent, nous prirent,* &c. Mais lorsqu'on emploie le présent pour le passé, il faut que tous les verbes qui ont rapport à ces présens soient au présent. Ainsi, la phrase suivante n'est pas correcte : *Ils tombent sur les ennemis avec une telle fureur, qu'ils les firent plier et reculer* ; il faut *qu'ils les font.*

On se sert de l'imparfait, quand on veut exprimer quelque chose que l'on fait habituellement. = *Ce prince jugeoit tous les jours les peuples avec une patience et une sagesse qu'on admiroit sans flatterie.*

On ne doit se servir du parfait défini, qu'en parlant d'un tems désigné et absolument écoulé. Le tems doit être au moins éloigné d'un jour de celui où l'on parle. On ne dira pas : *je vis aujourd'hui votre frère,* parce que le tems désigné n'est pas écoulé ; ni *je vis votre frère,* parce que le tems n'est pas désigné : mais on dira bien : *je vis hier votre frère* ; parce que le tems désigné est absolument écoulé.

On doit se servir du parfait indéfini, en parlant d'un tems qui n'est pas désigné, ou qui étant désigné n'est pas entièrement écoulé : = *J'ai reçu une lettre cette semaine*, ou simplement *j'ai reçu une lettre*; ici le tems désigné dure encore.

On emploie l'indicatif, quand on veut marquer quelque chose de positif : = *Mentor admiroit la bonne police de ces villes, la bonne éducation des enfans qu'on accoutumoit à l'obéissance, au travail, à la sobriété.*

Quand le premier verbe est à l'imparfait ou à l'un des parfaits, et que le second exprime une action passagère, on met le second verbe à l'imparfait, si l'on veut marquer un présent : = *Je croyois que vos enfans lisoient*; au plusque parfait, si l'on veut marquer un passé : = *Il a cru que vos enfans avoient lu*; au conditionnel présent, si l'on veut marquer un futur : = *On m'a dit que votre fils viendroit.*

Quoique le premier verbe soit à l'imparfait ou à l'un des parfaits, on peut mettre le second au présent, quand celui-ci exprime une chose vraie dans tous les tems : = *Ovide disoit ou a dit que l'étude adoucit les mœurs.*

On observe la même chose après *si* : = *Je vous aurois salué, si je vous avois vu.*

DU SUBJONCTIF.

On emploie le subjonctif, quand on veut exprimer quelque chose qui tient du doute ou du souhait, sans l'affirmer absolument : = *Que les dieux me fassent périr, plutôt que de souffrir que la mollesse et la volupté s'emparent de mon cœur.*

Lorsque le premier est accompagné d'une négation, ou qu'étant sans négation il exprime quelque chose qui tient du doute et du souhait ; alors le second verbe se met au subjonctif : = *Je doute que votre frère vienne.* = *Je crains qu'il ne se soit mal comporté.* = *Je suis surpris qu'il vous désobéisse.* = *Je ne crois pas qu'il vous ait trompé ;* et quand la phrase est interrogative : = *Croyez-vous qu'il ait écrit à son père ?* = *Pensez-vous qu'il ait raison ?*

On emploie aussi le subjonctif après les verbes impersonnels : = *Il faudra que tu fasses ton devoir.* = *Il est nécessaire que j'écrive.* = *Il importe que vous y soyez.*

Excepté les verbes impersonnels *il paroit, il est sûr, certain, vrai,* quand ils ne sont point accompagnés de négation : = *Il paroit que vous ne savez pas cela.* = *Il arrive souvent qu'on est trompé.*

Les conjonctions qui régissent le subjonctif sont *afin que, à moins que, avant que, au cas que, en cas que, bien que, encore que, quoique, de crainte que, de peur que, jusqu'à ce que, posé que, supposé que, pour que, pourvu que, sans que, soit que.*

Que, quand il est mis pour *si, à moins que, avant que, dès que, aussitôt que, sitôt que, quoique, afin que, sans que, de ce que,* dans les phrases interrogatives : = *Croyez-vous qu'il y aille ?* = *Si vous venez dans notre pays et que vous y demeuriez ; j'espère,* &c. *Que* est mis pour *si,* et *si vous y demeuriez.*

Que, qui, dont, lequel, où, pronoms relatifs, veulent le subjonctif ; 1.º Quand ils sont précédés d'un superlatif : = *C'est l'animal le plus extraordinaire qui ait passé.* = *C'est l'homme le plus fort que je connoisse.* = *C'est l'affaire la plus malheureuse où je me sois trouvé ;*

2.º Quand, après le relatif, on veut exprimer un souhait, une condition, quelque chose qui tienne du doute ou de l'avenir : = *Ce mensonge n'a rien qui ne soit innocent. = Le meilleur cortège qu'un prince puisse avoir c'est le cœur de ses sujets.*

Quand le verbe qui précède la conjonction est au présent ou au futur , celui qui la suit se met au présent du subjonctif, si on veut exprimer un présent ou un futur ; et au parfait, si on veut exprimer une chose passée : = *Eh bien ! ne faudra-t-il pas qu'il me quitte, ou que je le voie plein de mépris pour moi ?* On met *quitte* et *voie* au présent du subjonctif, parce que le premier verbe, placé avant la conjonction, est au futur, et que l'on veut exprimer un futur. = *Il faut que votre frère ait fini son devoir avant toutes choses.* On met *ait fini*, parce que le premier verbe est au présent, et qu'on veut exprimer une chose passée.

EXCEPTION. Quand dans la phrase on doit placer une expression conditionnelle , on peut mettre le second à l'imparfait ou au plusque-parfait : = *Je doute que votre frère eût réussi sans votre secours.* On met *eût réussi*, parce que *sans votre secours* est une expression condi-tionnelle.

Quand le verbe qui précède la conjonction est à l'un des tems passés, celui qui la suit se met à l'imparfait du subjonctif, si l'on veut exprimer un présent ou un futur ; ou au plusque-parfait, si l'on veut exprimer une chose passée : = *Il falloit, il fallut, il a fallu, il eût fallu, il fau-droit, il auroit fallu que vos frères s'y trouvassent, ou s'y fussent trouvés ;* selon le tems que l'on veut marquer, présent, passé ou futur , et non pas *s'y trouvent ou s'y soient trouvés.* Ainsi, c'est une faute de dire : *ne falloit-il pas que je m'en aille, que je revienne, que je parte ;*

dites *que je m'en allasse, que je revinsse, que je partisse.*

EXCEPTION. Quand le premier verbe est au parfait indéfini, on peut mettre le second au parfait du subjonctif, si l'on veut exprimer un passé : = *Il a fallu qu'il ait sollicité ses juges, et qu'il se soit informé de plusieurs autres affaires.*

L'impératif dans les verbes, dont l'indicatif présent est terminé en *e*, prend une *s* finale, lorsqu'il est immédiatement suivi des pronoms *en* et *y.* Parlant de fruits, on dira : *apportes-en,* et non pas *apporte-en ; manges-en,* et non pas *mange-en.* Parlant d'un endroit, on dira : *envoies-y,* et non pas *envoie-y ;* et l'impératif du verbe *aller : vas-y, vas-en savoir des nouvelles* (Académie). Mais il la perd par-tout ailleurs : = *Donne-moi du fruit.* = *Va savoir des nouvelles de telle chose.* (Académie).

CHAPITRE VI.

DU PARTICIPE.

REMARQUEZ : 1.º Que le participe présent se rapporte toujours à un verbe, et marque un présent relatif au tems du verbe auquel il se rapporte : = *Il va, il est allé, il ira toujours courant.* L'explication est la même que pour le présent de l'infinitif ;

2.º Que le participe présent ne varie jamais ; c'est-à-dire qu'il ne prend ni genre ni nombre : = *J'ai vu votre frère dormant.* = *J'ai vu votre sœur dormant.* = *J'ai vu vos frères et vos sœurs dormant.* On voit que *dormant* est écrit de la même manière, soit qu'il se rapporte à un nom féminin, à un nom pluriel ou à un nom masculin.

Pour ne pas confondre le participe présent avec les adjectifs verbaux terminés en *ant*, il faut se rappeller que le participe présent exprime une qualité active ou accidentelle; on dira : *Une personne obligeant tout le monde, une mère tremblant de déplaire à son fils*. Les mots *obligeant* et *tremblant* sont des participes présents, parce qu'ils expriment des qualités actives et accidentelles; et l'adjectif verbal exprime une qualité ordinaire et inhérente. Ainsi, on dira: *Une femme obligeante, une mère tremblante, une fontaine coulante, jaillissante, des couleurs approchantes l'une de l'autre, une affaire dépendante d'une autre*, &c. Ces mots en *ante* sont adjectifs verbaux, parce qu'ils expriment des qualités ordinaires et inhérentes.

On connoît qu'un mot terminé en *ant* est participe présent, 1.º quand il a un régime; on ne dit pas : *j'ai vu une personne obligeante tout le monde*; 2.º quand on peut le tourner à l'infinitif, on peut dire: *j'ai vu une personne obliger*; 3.º quand il est précédé de la prépotion *en*, ou qu'on peut la mettre auparavant.

On doit mettre la préposition *en* devant le participe présent, lorsqu'il exprime une circonstance de l'action, une manière ou un moyen de parvenir à une fin : = *Heureux ceux qui se divertissent en s'instruisant; on ne surmonte le vice qu'en le fuyant.*

REMARQUES. La suppression ou l'emploi de la préposition *en* change le sens d'une phrase: = *J'ai vu votre frère lisant l'histoire de France*, ne signifie pas la même chose que *j'ai vu votre frère, en lisant l'histoire de France*: la première signifie : *J'ai vu votre frère qui lisoit l'histoire de France* ; la seconde signifie : *J'ai vu votre frère, lorsque je lisois l'histoire de France.*

On ne doit pas mettre le pronom relatif *en* devant un participe présent. Ainsi, ne dites pas *je vous confie l'éducation de mon fils, en desirant l'avancement* ; dites *desirant son avancement.*

Le participe passé, lorsqu'il ne prend ni genre ni nombre, a la terminaison du singulier masculin : *aimé, fini, reçu, rendu.*

Le participe passé, des verbes actifs, ne prend ni genre ni nombre, lorsque son régime simple est placé après le participe : = *Nous avons cueilli des violettes.* = *Mes frères ont vu votre ville.* = *Mes sœurs ont lu plusieurs histoires.* *Cueilli, vu* et *lu* ne prennent ni genre ni nombre, parce que le régime de chacun est placé après le participe.

Mais si le régime simple de ces mêmes verbes est placé devant le participe, alors le participe passé prend le genre et le nombre du régime simple : = *Quelles violettes avons-nous cueillies ?* *Cueillies* est au féminin pluriel, parce que *violettes*, son régime simple, est placé devant le participe : = *Quelle ville mes frères ont-ils vue ?* = *Quelles histoires mes sœurs ont-elles lues ?* *Vue* est au féminin singulier, parce que *ville*, son régime simple, est placé devant le participe ; et *lues* est au féminin pluriel, par la même raison. Ainsi, on dira : = *Les livres que j'avois prêtés, on les a rendus.* = *C'est une des plus belles éditions que j'aye vues.* = *La légion qu'avoit eue Fabius.* (Malherbe). = *La langue qu'ont écrite Cicéron et Virgile.* (Boileau).

REMARQUES. Le pronom *en*, quoique répondant à la question du régime simple, n'influe cependant point sur le participe, parce qu'il tient la place d'un nom ou pronom, toujours

précédés de *de*. Ainsi, Boileau a dit de Louis XIV :
Il a fait plus d'exploits que les autres n'en ont lu,
et non pas *lus*. =On dira : *Rousseau a fait plus
de cantates qu'on n'en a mis en musique*, et non
pas *mises*. = *Il eut part à plus de combats, que
ceux de son rang et de son âge n'ont coutume
d'en avoir lu*, et non pas *lus*. (Rollin).

On dit : *de la façon que j'ai dit*, et non pas
dité ; parce que *que* n'est pas pronom relatif.
On ne peut pas dire : *laquelle façon* ; *de la façon
que* est une expression adverbiale ; c'est comme
si l'on disoit *comme*.

On dit aussi : *le peu d'affection qu'il m'a
témoigné*, non pas *témoignée*. =*Le peu d'attention qu'il a eu*, non pas *eue*. On dit aussi :
le peu de personnes que j'ai rencontrées. =*Le
peu de pistoles que j'ai gagnées*. = *Le peu d'occasions que j'ai eues*. Le participe est indéclinable,
lorsque *peu de* ne peut pas se tourner par *le petit
nombre de* ; or, on ne peut pas dire : *le petit
nombre d'affection*, *d'attention* ; et il est décli-
nable, lorsque *peu de* peut se tourner par *le petit
nombre de* ; or, on peut dire : *le petit nombre de
personnes, de pistoles, d'occasions*.

Le participe passé des verbes réfléchis et réci-
proques suit la même règle que le participe
passé des verbes actifs ; c'est-à-dire, 1.º qu'il
ne prend ni genre ni nombre, si le régime
simple est placé après le participe. Ainsi, on
dira : *Lucrèce s'est donné la mort* ; on met *donné*,
parce que *la mort*, son régime simple, est placé
après le participe. = *Elles se sont écrit des lettres* ;
on met *écrit*, parce que *lettres*, son régime
simple, est placé après le participe.

2.º Qu'il prend le genre et le nombre, si le
régime simple est placé devant le participe : =
Quelle fin nous sommes-nous proposée ? on met

proposée, parce que *quelle fin*, son régime simple, est placé devant le participe. = *Les lois que s'étoient prescrites les romains*; on met *prescrites*, parce que *lois*, régime simple, est placé devant le participe.

Pour connoître dans quel régime est le pronom réfléchi, il faut, ou mettre le verbe à l'actif, en mettant à la place du verbe *être* le verbe *avoir*; ainsi, dans les deux exemples précédens, le pronom réfléchi est régime composé *à*, parce qu'en mettant *avoir* à la place d'*être*, on dira : *Nous avons proposé à nous cette fin, les lois que les romains ont prescrites à eux*; ou examiner quel est l'autre régime du verbe, parce qu'aucun verbe, de quelque espèce qu'il soit, ne peut avoir deux régimes de même dénomination. Ainsi, dans les exemples précédens, on dira : *Nous nous sommes proposé*, quoi? *cette fin. Les romains s'étoient prescrit*, quoi? *ces lois*; ou enfin si on peut le mettre au passif, *cette femme s'est trouvée innocente*, c'est-à-dire *a été trouvée*. Si le pronom réfléchi est régime simple, ou si le verbe peut être mis au passif, alors le participe passé prend le genre et le nombre du pronom réfléchi. Ainsi, on dit : *Elle s'en est abstenue.* = *Elle s'en est apperçue.* = *Ils se sont apperçus de l'erreur.* (Académie.) = *Les héros qui s'étoient distingués dans la guerre.* (Racine). = *Ces maisons se sont louées trop cher.* (d'Olivet).

Excepté le participe *été* et le participe des verbes impersonnels, qui ne prennent jamais ni genre ni nombre, on dit : = *Les chaleurs excessives qu'il a fait*, et non pas *faites*. = *La grande inondation qu'il y a eu*, et non pas *eue*. = *Il s'est glissé une faute dans cet ouvrage*, et non pas *glissée*. = *Il s'est rassemblé une multitude d'hommes*, et non pas *rassemblés*.

Lorsque le participe passé est suivi d'un verbe à l'infinitif, le régime qui précède les deux verbes peut être régi par le participe ou par le verbe à l'infinitif; si le régime est attribué au participe, alors le participe prend le genre et le nombre de ce régime.

On connoît que le régime qui précède est attribué au participe, lorsque l'on peut mettre ce régime entre le participe et le verbe à l'infinitif; et qu'il est attribué au verbe à l'infinitif, lorsqu'on ne peut le placer qu'après le verbe à l'infinitif. Ainsi, Racine a dit, en parlant de *Junie*, *je l'ai vue arriver cette nuit*. On met *vue*, parce que *l'* est régime du participe; car on peut dire: *j'ai vu elle arriver*, *qui arrivoit*. = Parlant d'une actrice, on dira : *je l'ai entendue chanter*. On met *entendue*, parce que *l'* est régime du participe; car on peut dire : *j'ai entendu elle chanter*, *qui chantoit*.

Mais si le régime est attribué au verbe à l'infinitif, alors le participe ne prend ni genre ni nombre. Ainsi, parlant d'une maison, on dira : *je l'ai vu bâtir*, et non pas *vue*; parce qu'on ne peut pas dire : *j'ai vu elle bâtir*, *qui bâtissoit*; mais *j'ai vu bâtir cette maison*. = Parlant d'une ariette, on dira : *je l'ai entendu chanter*; et non pas *entendue*; parce qu'on ne peut pas dire : *j'ai entendu elle chanter*, *qui chantoit*; mais *j'ai entendu chanter cette ariette*. = Parlant d'une femme qui fait un portrait, on dira : *je l'ai vue peindre*, c'est-à-dire *j'ai vu elle peindre*, *qui peignoit*; et parlant d'une femme dont on fait le portrait, on dira : *je l'ai vu peindre*. On met *vu*, parce qu'on ne peut pas dire : *j'ai vu elle peindre*, mais *j'ai vu peindre elle*.

Quelquefois le verbe à l'infinitif est sous-entendu; alors, le participe ne prend ni genre ni nombre : = *Il a obtenu la place qu'il a voulu ;* c'est-à-dire *qu'il a voulu obtenir.* = *Je lui ai rendu tous les services que j'ai pu ;* c'est-à-dire *que j'ai pu lui rendre.*

La même règle s'observe encore, lorsque le participe est suivi de la conjonction *que*, parce qu'alors le pronom relatif est régi par le verbe qui suit la conjonction *que*. Ainsi, on dira : *La science que vous avez voulu que j'étudiasse ne me plaît pas.* Que, pronom relatif, est régime d'*étudiasse*, et non pas de *voulu*; car on dira : *Vous avez voulu que j'étudiasse cette science.* = *C'est une chose que j'ai cru que vous saviez.*

REMARQUE. Les participes *fait* et *laissé*, étant suivis d'un verbe à l'infinitif, et ne présentant à l'esprit qu'une seule idée, ne prennent ni genre ni nombre. Ainsi, on dira : *La terre que j'ai fait labourer*, et non pas *faite.* = *La jeune personne que j'ai fait danser*, et non pas *faite.* = *Les troupes qu'on a fait marcher*, et non pas *faites.* = *La personne qu'on a laissé assassiner*, et non pas *laissée.* = *Les oiseaux qu'on a laissé envoler*, et non pas *laissés.* = *Elle s'est fait peindre*, et non pas *faite.* = *Elle s'est laissé aller*, et non pas *laissée.* (Académie).

Le participe passé des verbes passifs et des verbes neutres, qui se conjuguent avec l'auxiliaire *être*, prend toujours le genre et le nombre du nominatif. = *Pour les cœurs corrompus l'amitié n'est pas faite.* On met *faite*, parce que le participe passé des verbes passifs prend le genre et le nombre du nominatif. = *Les grandes actions des hommes illustres sont parvenues jusqu'à nous.* On met *parvenues*, parce que le participe passé des verbes neutres qui se conjuguent avec *être*, prend le genre et le nombre du nominatif.

Mais

Mais le participe passé des verbes neutres, qui se conjuguent avec *avoir*, ne prend jamais ni genre ni nombre : *Cette maison n'a pas convenu à la société.* = *Ces marchandises ne m'ont point convenu.* On voit que *convenu* est écrit de la même manière dans l'une et l'autre phrase ; parce que le participe passé des verbes neutres, qui se conjuguent avec *avoir*, est invariable. Ainsi, on dira : *Les années que nous avons vécu*, et non pas *vécues.* = *La somme que cette maison m'a coûté*, et non pas *coûtée.* = *Les honneurs que cet ouvrage lui a valu*, et non pas *valus. Que* ; dans ces exemples, est régime d'une préposition sous-entendue ; comme dans le premier exemple, on peut dire : *durant lesquelles*, &c.

RÈGLE GÉNÉRALE. Tout régime simple d'un verbe actif peut devenir le nominatif d'un verbe passif, sans altérer le sens de la phrase : = *Dieu nous aime* ; on peut dire : *nous sommes aimés de Dieu* ; or, *nous*, régime du verbe actif, est nominatif du verbe passif. Ainsi, pour savoir si un régime, placé devant un participe, influe sur le participe, il faut que ce régime puisse devenir le nominatif du verbe tourné au passif.

Mais on ne peut pas tourner les phrases précédentes au passif ; on ne peut pas dire : *Les années qui ont été vécues par nous.* = *La somme qui a été coûtée par cette maison.* = *Les honneurs qui lui ont été valus par cet ouvrage.* Le participe passé des verbes neutres, qui se conjuguent avec *avoir*, ne prend donc ni genre ni nombre, quand on ne peut pas les tourner au passif.

Je dis quand on ne peut pas les tourner au passif, parce qu'il y a des verbes neutres qui sont quelquefois employés dans un sens actif ; mais on peut tourner ces verbes au passif. En effet, *passer* est un verbe neutre, qui est quelquefois employé dans un sens actif; on dit : *Nos armées ont passé la rivière.* On peut tourner cette phrase au passif, en disant : *La rivière a été passée par nos armées.* On dira donc aussi : *La rivière que nos armées ont passée.*

Ces expressions, employées dans le commerce, *acheté, vendu, reçu*, supposent les mots *j'ai*; c'est comme si l'on disoit : *j'ai acheté, j'ai vendu*, &c.

CHAPITRE VII.

DE L'ADVERBE.

Si l'adverbe modifie l'adjectif ou même l'adverbe, il se place toujours devant le mot qu'il modifie : = *Cet enfant est très-aimable, il parle bien distinctement.*

Si l'adverbe modifie le verbe, et que le verbe soit un tems simple, il se place toujours après le verbe : = *Nous demeurerons ici.* = *Si les hommes vouloient vivre simplement, on verroit par-tout l'abondance, la joie et la paix.*

Mais si le verbe est à l'un des tems composés, alors il se place entre l'auxiliaire et le participe : = *Il a toujours aimé l'étude.*

Les adverbes de manière, qui se forment des adjectifs qui ne s'emploient jamais sans régime, ont le même régime que ces adjectifs. Ainsi, on dira : *conformément à l'original*, de conforme à l'original ; *différemment des autres*, de différent des autres, &c.

(147)

Plus et *davantage* ne doivent pas s'employer l'un pour l'autre. Après *plus*, on met ordinairement *que*, qui amène le second terme de la comparaison. Ainsi, on dira : *l'aîné est plus riche que le cadet.* Après *davantage* on ne doit jamais mettre *que*, parce que le second terme est énoncé auparavant. Ainsi, on dira : *le cadet est riche; mais l'aîné l'est bien davantage.* On ne dira pas : *cet homme a davantage de brillant que de solide;* mais *plus de brillant.*

C'est une faute d'employer *davantage* pour *le plus* : ainsi, aulieu de dire, *cet ouvrage est celui qui me plaît davantage*, dites *le plus*.

Quand les adverbes *plus, moins, mieux, pis*, et les adjectifs *meilleur, moindre, pire* sont suivis d'un *que* et d'un verbe, on met *ne* avant ce verbe ; il en est de même de l'adverbe *autrement* et de son adjectif *autre* : = *Vos fruits sont meilleurs qu'on ne se l'imagine.* = *On se voit d'un autre œil, qu'on ne voit son prochain.* = *Les richesses sont souvent plus funestes, que le pauvreté n'est incommode.*

Auparavant, étant toujours adverbe, ne doit jamais être suivi d'un régime ni d'un *que* : ainsi, c'est une faute de dire : *Il est arrivé auparavant votre frère*, ditès *avant.* = *Il est sorti auparavant que l'affaire fût terminée*, dites *avant que.*

Si, adverbe de comparaison, ne s'emploie qu'avec la négative : = *Il n'est pas si riche que vous.*

Quand *autant* et *mieux* ont pour terme de comparaison deux verbes à l'infinitif, il faut mettre *de* avant le dernier verbe : = *Il vaut mieux travailler, que de s'ennuyer.* = *J'aime autant le faire tout-à-l'heure, que de différer.*

Aujourd'hui, précédé de *jusque*, veut la préposition *à* devant lui : = *J'ai différé jusqu'à aujourd'hui à vous donner de mes nouvelles.* (Ac.)

En vers, on supprime *à*, mais on écrit *jusques*.

Vous agirez en juge, et jusques aujourd'hui
Vous avez soutenu ce caractère auguste. (*Laharpe*).

Tout à coup et *tout d'un coup* ont une signification bien différente : = *Tout à coup* signifie *soudainement, en un moment.* = *Cette maison est tombée tout à coup.*

Tout d'un coup signifie *tout en une fois.* = *Il gagna sa fortune tout d'un coup.*

On dit *demain matin* ou *demain au matin*, *hier matin* ou *hier au matin* : mais, pour parler correctement, on dira *hier au soir*, *demain au soir.*

CHAPITRE VIII.

DE LA PRÉPOSITION.

Lorsqu'une préposition a plusieurs régimes, elle doit se répéter devant chaque régime : = *Il a travaillé pour vous et pour moi*, et non pas *pour vous et moi.* = *Il a passé par Tours et par Orléans*, et non pas *par Tours et Orléans.*

Mais si les régimes sont des noms synonymes, alors la préposition ne se répète point. = *Cet homme parle avec douceur et aménité.*

Les prépositions qui ont plus d'une syllabe ne doivent pas se répéter, lorsque cette répétition rend l'expression languissante.

Il faut prendre garde de donner à une préposition un autre régime, que celui que le bon usage lui accorde. Ainsi, on dira : *regarder au travers des vitres*, et non pas *les vitres;* et on dira : *regarder à travers les vitres*, et non pas *des vitres*.

Dans a un sens précis et défini , qui marque un rapport du dehors au dedans : = *On est dans la chambre, dans la maison, dans la ville.*

En a un sens vague et indéfini , marque un rapport du lieu où l'on se trouve à un autre où l'on pourroit être : = *On est en chambre, en ville.*

Dans marque le tems précis dans lequel on fera une chose : = *Je partirai dans trois jours.* *En* marque le tems que l'on emploie à la faire : = *J'ai fait le voyage en trois jours.*

On ne doit dire *en campagne*, qu'en parlant du mouvement des troupes : = *L'armée est en campagne.* Dans toute autre signification , on doit dire *à la campagne :* = *Mon frère est à la campagne.*

Durant est la seule préposition qui puisse se placer après son régime : = *Sa vie durant.*

Durant ne peut être suivi de *que :* on ne dit pas *durant que vous êtes jeune.* Mais *pendant* est une préposition qui peut être suivie de *que :* on dira *travaillez , pendant que vous êtes jeune.*

Ne confondez pas *autour* et à *l'entour ; autour* est une préposition : = *Il rôde sans cesse autour de vous. A l'entour* est un adverbe : = *Il étoit sur son trône , et ses fils étoient à l'entour.*

Ne confondez pas *avant* et *auparavant ; avant* est une préposition : = *Avant l'âge , avant le tems. Auparavant* est un adverbe : = *Ne partez pas sitôt , venez me voir auparavant,*

Ne confondez pas *près de*, qui signifie *sur le point de*, avec l'adjectif *prêt à*, qui signifie *disposé à*. On dit : = *Il est près de partir*, et non pas *près à partir.* = *Il est prêt à partir*, et non pas *prêt de partir.*

CHAPITRE IX.

DE LA CONJONCTION.

La conjonction *et* veut, après elle, le même régime que devant : = *Il avoit sa douceur et sa fierté.* *Douceur* et *fierté* sont régime simple d'*avoit*.

Deux verbes, joints par la conjonction *et*, peuvent avoir un même nom pour régime ; pourvu qu'ils ne veuillent pas un régime différent : = *Je crains et j'évite les médisans.* *Médisans* est régime de *crains* et *évite*, parce que ces verbes gouvernent le même régime.

Mais, si les deux verbes sont joints par une autre conjonction, il faut donner au premier verbe le nom pour régime, et au second un pronom : = *J'évite les médisans, autant que je les crains.* Ce seroit une faute de dire : = *J'évite autant que crains les médisans.*

Il faut éviter de placer la conjonction *et* entre le régime simple d'un verbe, et le nominatif d'un autre verbe : = *J'admire sa valeur, et son courage a fixé la victoire.* Dans cette phrase il semble que *courage* soit, ainsi que *valeur*, le régime du verbe *j'admire*, tandis qu'il est le nominatif du verbe *a fixé*.

La conjonction *ou* peut se répéter avant les mots qu'elle joint ensemble ; mais on peut s'en dispenser, en la plaçant avant le dernier. = *C'est vous, ou lui ou moi ; ou bien c'est vous, lui ou moi.*

La conjonction *soit* peut aussi se répéter, avant chacun des mots qu'elle joint ensemble : = *Soit vertu, soit prudence, il n'a point succombé.*

Aulieu de répéter *soit* on peut mettre *ou* : = *Soit vertu ou prudence, il n'a point succombé.*

Plutôt que est une sorte de conjonction, qui doit toujours être suivie de *de* : = *Il étoit déterminé à mourir, plutôt que de se rendre.*

La conjonction *ne* se place toujours immédiatement après le nominatif du verbe : = *Dieu ne nous commande pas l'impossible.*

Quand le nominatif est après le verbe, *ne* se met avant le même verbe : = *Ne lui avez-vous point parlé ?*

La conjonction *ne* se met après le *que* qui suit les verbes *empêcher, craindre, avoir peur, appréhender* et *prendre garde* (signifiant prendre ses mesures), *craignez, empêchez, ayez peur, appréhendez, prenez garde que cet enfant ne tombe.*

Mais si ces verbes sont accompagnés de *ne pas*, alors on ne doit point mettre *ne* après le *que* : = *Si vous ne travaillez pas, n'empêchez pas que les autres s'occupent*, et non pas *ne s'occupent*. = *Hélas ! on ne craint pas qu'il venge un jour son père*, et non pas *ne venge*.

Quand le verbe *nier* est accompagné de *ne pas*, il faut joindre la conjonction *ne* au verbe qui le suit : = *Je ne nie pas que vous ne soyez studieux.*

La conjonction *ni* doit être employée pour lier les mots, quand on nie une chose, et non pas quand on affirme. Ainsi, n'imitez pas Boileau, qui, en parlant du sonnet, dit qu'Apollon

Défendit qu'un vers foible y pût jamais entre
Ni qu'un mot déjà mis osât s'y rencontrer.

Il falloit *et qu'un mot* ; parce que la phrase est affirmative.

Pas et *point* sont des conjonctions qui expriment la négation :

Point nie plus fortement que *pas* ; en voici la preuve : on dira également *il n'a pas d'esprit, il n'a point d'esprit* ; mais quand on dit *il n'a pas d'esprit*, c'est-à-dire *ce qu'il en faudroit pour une telle place* ; et quand on dit *il n'a point d'esprit*, on ne peut rien ajouter. (Académie).

Point, suivi *de*, forme une négation parfaite, aulieu que *pas* laisse la liberté de restreindre ou de réserver.

Pas, vaut mieux que *point*, devant *plus moins, si, autant*, et autres comparatifs, et devant les noms de nombre : = *Cicéron n'est pas moins véhément que Démosthène.* = *Pas un seul petit morceau.*

Pas convient encore à quelque chose de passager et d'accidentel : = *Il ne lit pas*, c'est-à-dire *présentement. Point*, à quelque chose de permanent et d'habituel : = *Il ne lit point*, c'est-à-dire *jamais, dans aucun tems.*

Point se met pour *non*, et jamais *pas* : = *Je le croyois mon ami, mais point.*

Dans la phrase interrogative, on doit mettre *point*, si la question est accompagnée de quelque doute : = *N'avez-vous point été là ?* On doit mettre *pas*, si elle n'est pas accompagnée de doute : = *N'avez-vous pas été là ?*

Pas et *point* peuvent se supprimer après le verbe *cesser, oser* et *pouvoir* : = *Il ne cesse de parler.* = *On n'ose l'aborder.* = *Je ne puis me taire.* Ils se suppriment après *prendre garde* : = *Prenez garde qu'on ne vous trompe* ; après *savoir*, pris dans le sens de *pouvoir* : = *Je ne saurais en venir à bout* ; avant *jamais, guère, plus, nul, aucun, rien, personne, nullement* ; après *craindre*, suivi de la conjonction *que*, lorsqu'il s'agit d'un effet qu'on ne desire pas : = *Je crains que vous ne perdiez votre procès* ; mais il faut mettre *pas* ou *point*, lorsqu'il s'agit d'un effet qu'on desire : = *Je crains que ce fripon ne soit pas puni.*

La conjonction *que* se place entre deux verbes : = *Je pense qu'on ne peut être heureux, sans pratiquer la vertu.*

Que restreint le sens des phrases négatives, et alors *ne que* signifie *seulement* : = *La valeur n'est une vertu, que quand elle est réglée par la prudence* ; c'est-à-dire *la valeur est seulement une vertu.*

Ne que se met quelquefois pour *ne rien* : = *Je n'ai que faire ici,* c'est-à-dire *je n'ai rien à faire ici.*

Que, sert à marquer un souhait, un commandement, une imprécation, un consentement, &c. = *Qu'il vienne* ; c'est-à-dire *je consens qu'il vienne.*

Que, après l'impératif, signifie *afin que* : = = *Venez que je vous paye,* c'est-à-dire *afin que je vous paye.*

Que, après *il y a*, signifie *depuis que* : = *Il y a deux ans que je ne l'ai vu,* c'est-à-dire *depuis que.*

Que se met pour *à moins que, avant que, dès que, aussitôt que, quoique* : = *Je ne partirai point, que vous ne soyez de retour,* c'est-à-dire *à moins que, avant que vous ne soyez.*

Que, se met pour *pourquoi* : = *Que n'avez-vous soin de vos affaires,* c'est-à-dire *pourquoi.*

Que, s'emploie aussi par redondance : = *Que s'il m'allègue,* pour dire *si vous m'alléguez.* Il s'emploie encore élégamment avec les noms et les verbes : = *C'est une belle chose que de garder le secret.* (Académie). = *C'est une qualité nécessaire pour régner que la dissimulation.*

CHAPITRE X.

PRINCIPALES DIFFICULTÉS

DE LA LANGUE FRANÇOISE.

OBSERVEZ : 1.º Qu'il y a des noms propres d'animaux, qui, sous la dénomination masculine, désignent le mâle et la femelle ; comme *aigle*, *merle*, &c. On dit : *un aigle mâle*, *un aigle femelle* ; *un merle mâle*, *un merle femelle*, &c.

D'autres, qui, sous la dénomination féminine, désignent le mâle et la femelle ; comme *tourterelle*, *hirondelle*. On dit : *une tourterelle mâle*, *une tourterelle femelle* ; *une hirondelle mâle*, *une hirondelle femelle*.

L'Académie dit : *pigeon mâle*, *pigeon femelle* ; Restaut, et d'autres écrivains, disent *pigeonne*.

Mais, ne croyez pas, avec quelques grammairiens modernes, que *lièvre* et *renard* désignent le mâle et la femelle : la femelle du lièvre s'appelle *hase* ; et celle du renard, *renarde*.

2.º Que les noms propres de contrées, qui sont terminés par un *e* muet, sont du genre féminin : *la Silésie*, *la Hongrie*, *la Turquie*, *la France*, &c. Excepté *le Perche* et *le Maine* ;

Mais que ceux qui ne sont point terminés par un *e* muet sont du genre masculin : *le Danemarck*, *le Piémont*, *le Pérou*, *le Poitou*.

3.º Que le nom propre des villes modernes est masculin : *je connois mon Paris*, *mon Marseille* ; et que le nom propre des villes anciennes est féminin : *la malheureuse Troie*, *l'ancienne Rome*.

4.º Que les noms propres de vents sont masculin : *le sud, le nord.* Excepté *bise*, qui est féminin.

5.º Qu'il y a des noms qui sont des deux genres , mais sous différentes significations ; je mettrai ici les plus en usage :

Aigle, oiseau, est masculin : *un aigle noir. Aigle,* armoiries, est féminin : *les aigles romaines.*

Exemple , maxime, est masculin : *suivez le bon exemple. Exemple* , modèle d'écriture , est féminin : *la belle exemple.*

Manche , poignée d'un instrument , est masculin : *le manche d'un couteau. Manche,* d'un habit , est féminin : *la manche d'un habit.*

Moule , d'un ouvrage , est masculin. *Moule,* coquillage, est féminin.

Enseigne, officier, est masculin. *Enseigne,* drapeau , est féminin.

Givre , gelée , est masculin. *Givre,* armoiries, est féminin.

Office , lieu où l'on prépare tout ce qu'on sert sur la table pour le fruit, est féminin ; hors de là , *office* est masculin.

Sentinelle est féminin ; cependant plusieurs le font masculin : *on a trouvé le sentinelle mort.*

Garde, guet, est féminin ; mais *garde,* homme armé qui est destiné pour faire la garde auprès d'un roi, est masculin : *il n'avoit avec lui qu'un de ses gardes.*

Livre, poids, est féminin : *une livre de pain. Livre,* volume, est masculin : *le livre de l'enfant.*

Loutre, animal, est féminin. *Loutre,* chapeau, est masculin.

Mémoire , écrit, est masculin : *un mémoire exact. Mémoire,* faculté de l'ame, est féminin : *la mémoire.*

Mode, terme de grammaire, est masculin. *Mode,* usage, est féminin : *la mode est passée.*

Mousse, matelot, est masculin. *Mousse*, sorte de petite herbe, est féminin.

Œuvre, est féminin; mais dans le style soutenu, et en parlant d'estampes, il est masculin.

Pendule, verges de fer, est masculin. *Pendule*, horloge, est féminin.

Pourpre, couleur, est masculin. *Pourpre*, habillement royal, est féminin.

Satyre, demi-dieu, est masculin. *Satyre*, critique, est féminin.

Tour, circuit, est masculin. *Tour*, bâtiment, est féminin.

Trompette, cavalier, est masculin. *Trompette*, instrument, est féminin.

Vase, vaisseau, est masculin. *Vase*, limon d'une rivière, est féminin.

Voile, rideau, est masculin. *Voile*, toile d'un vaisseau, est féminin.

6.º Que les noms propres de montagnes et d'isles, qui ont un pluriel, n'ont point de singulier. On dit *les Alpes*, *les Pyrénées*, *les Echelles*; mais on ne dira pas *l'Alpe*, *le Pyrénée*: et que les noms propres de villes, qui ont un singulier, n'ont point de pluriel: on dit *l'ancienne Rome*, *la Nouvelle-Orléans*; mais on ne dira pas *les anciennes Romes*, *les Nouvelles-Orléans*.

7.º Que les noms propres de métaux, de minéraux, n'étant point mis en œuvre, n'ont point de pluriel, ainsi que ceux d'aromates. On dit *offrir de l'or, de l'encens, de la myrrhe*; on ne dit pas *offrir des ors*, *des encens*, &c. Mais les noms propres de minéraux et de métaux, mis en œuvre, ont un pluriel: = *Être aux fers*, *fers à friser*, *on fait des bijoux à plusieurs ors*.

Couple, est collectif au masculin: = *Un couple de pigeons est suffisant pour peupler un pigeonnier*. Il est partitif au féminin : = *Une couple de pigeons ne sont pas suffisans pour le dîner de six personnes.*

Quelquefois, par syllepse, on met au pluriel ce qui a rapport à un singulier : = *Le peuple, touché de compassion pour l'enfant, s'écrie que les dieux l'ont livré aux furies ; la fureur leur fournit des armes, ils prennent*, &c. (Fénélon). *Peuple* est mis pour *les cretois.*

Fond, l'endroit le plus bas d'une chose creuse, s'écrit sans *s* : = *Le fond d'un tonneau.* = *Dieu connoît le fond des cœurs.* Mais *fond*, signifiant le sol d'une terre, une somme d'argent, prend une *s.*

Par élégance, on supprime quelquefois l'article : *étrangers, peuples, rois le révèrent.*

Tout nom qui est pris dans un sens indéterminé, ne peut avoir, après lui, un pronom qui s'y rapporte. Cette phrase n'est pas correcte : *Quand je me fais justice, tout le monde peut se la faire ;* mais celle-ci est correcte : *Quand je rends la justice, je la rends sans acception*, &c.

Cris des animaux. L'abeille *bourdonne ;* l'âne *brait ;* le bœuf *mugit* ou *meugle ;* la brebis *bêle ;* le chat *miaule ;* le cheval *hennit ;* le chien *aboie* ou *jappe ;* le cochon *grogne ;* le corbeau *croasse ;* la grenouille *coasse ;* le lion *rugit ;* le loup *hurle ;* le serpent *siffle ;* l'aigle et la grue *glapissent* ou *trompettent ;* les petits chiens et les renards *glapissent ;* les pigeons *roucoulent ;* la perdrix *cacabe ;* la cigogne *claquette* ou *craquette ;* le paon *braille* ou *criaille ;* la poule d'inde et le poulet *piaulent.*

On dit *le pied* de tous les animaux qui ont cette partie de corne : ainsi, on dit le pied *d'un bœuf, d'un cheval,* &c. On dit *la patte* des autres animaux qui n'ont pas cette partie de

corne : on dit donc la patte *du chien*, *du chat*, &c.
On dit encore les ongles *d'un lion* ; les gr.ffes
d'un chat, *d'un tigre* ; les serres *d'un aigle*, *d'un*
vautour; les serres *ou* les mains *d'un épervier*;
la bouche *d'un cheval*, *d'un chameau*, *d'un*
éléphant ; la gueule *d'un bœuf*, *d'un chien*,
d'un brochet, *d'un lion*, *d'un loup*, *d'un croco-*
dile ; le grouin *d'un cochon* ; le mufle *d'un cerf*,
d'un bœuf, *d'un lion*, *d'un léopard*, *d'un tigre* ;
le museau *d'un chien*, *d'un renard* ; les défenses
ou les broches *du sanglier*; la hure *d'un san-*
glier, *d'un saumon*, *d'un brochet*, pour la tête."

Nu et *demi* sont invariables quand ils sont
placés devant le nom qu'ils qualifient : = *Nu-*
pieds, *nu-jambes*. = *Une demi-mesure*. Mais *nu*
prend le genre et le nombre ; et *demi*, seulement
le genre, s'ils sont placés après le nom : = *Les*
pieds nus, *les jambes nues*. = *Deux livres et*
demie.

Feu est invariable, quand il est placé devant
l'article et le pronom possessif. Ainsi, on dira :
= *Feu la reine*, *feu votre mère*. Mais il prend
le genre seulement, s'il est placé après.l'article
et le pronom possessif : = *La feue reine*, *votre*
feue mère. Ce mot n'a point de pluriel. (Acad.)

Grand, formant un nom composé, placé devant
un nom masculin ; se lie à ce nom par un trait
d'union : = *Grand-père*, *grand-oncle*. S'il est
placé devant un nom féminin, on met une apostrophe aulieu du trait d'union : = *Grand'mère*,
grand'tante.

Gens : on doit mettre au féminin l'adjectif
qui le précède, et au masculin celui qui le suit :
= *Les vieilles gens sont soupçonneux*. = *Voilà*
des gens bien fins. = *Il s'accommode de toutes*
gens. Cependant on dit *tous les gens de bien*.
Quand doit-on mettre *tout* ou *toutes* devant un
adjectif qui est placé devant le mot *gens*? On

doit mettre *tous*, lorsque l'adjectif qui précède le mot *gens* a la même terminaison au féminin qu'au masculin. Ainsi, on dira : = *Tous les honnêtes gens, tous les habiles gens.* On doit mettre *toutes*, lorsque l'adjectif qui précède le mot *gens* a une terminaison différente au féminin qu'au masculin. Ainsi, on dira : = *Toutes les vieilles gens.*

Tout, désignant l'intégrité d'une chose, considérée par rapport au nombre ou à l'étendue, prend le genre et le nombre du nom auquel il est joint : = *Tout le monde.* = *Toute la terre. Tous les hommes.* = *Toutes les plantes.*

Tout, signifiant *quoique*, *très, entièrement*, a la terminaison du singulier masculin : 1.º Quand il est placé devant un adjectif masculin : = *Ces enfans sont tout interdits, tout silencieux*; 2.º Devant un adjectif féminin pluriel, qui commence par une voyelle ou une *h* muette : = *Des femmes tout éplorées.* = *Des vertus tout héroïques;* 3.º Devant un adverbe ou une préposition : = *Il lui dit tout froidement.* = *Tout auprès du cœur.*

Mais *tout* prend le genre et le nombre de l'adjectif : 1.º Quand il est placé devant un adjectif féminin qui commence par une consonne ou une *h* aspirée : = *Des femmes toutes silencieuses.* = *Des expressions toutes hardies ;* 2.º Devant un adjectif féminin singulier, qui commence par une voyelle : = *Cette vie, toute affreuse qu'elle est.* = *Elle demeuroit derrière, toute interdite.* (Fénélon). Cependant le Dictionnaire de l'Académie dit : *Sa maison est tout autre.*

On connoît que *tout* est invariable, lorsque le sens de la phrase permet qu'on y substitue un de ces mots: *quoique, très, entièrement.*

Quelque que, signifiant à-peu-près la même chose que *quoique*, prend le nombre du nom qu'il accompagne : 1.° Quand il y a un nom entre *quelque* et *que* : = *De quelque religion qu'il soit.* = *Quelques efforts que vous fassiez ;* 2.° Quand il y a un adjectif qui n'est point séparé de son nom : = *Quelques habiles maîtres ont réussi dans leurs projets.*

Mais , quand il y a entre *quelque* et *que* un adjectif séparé de son nom , alors il est invariable : = *Quelque habiles que soient vos maîtres, ils peuvent se tromper.* = *Quelque grossières que soient les mœurs d'un homme, on vient à bout de les adoucir par l'éducation.*

Quelque, étant immédiatement suivi d'un verbe, ou d'un pronom personnel, s'écrit en deux mots séparés : *quel que. Quel*, seul, prend le genre et le nombre du nom : = *Quel que soit votre crédit.* = *Quelles que soient vos richesses.* = *Votre autorité quelle qu'elle soit.*

Même, employé comme adjectif , prend le genre et le nombre du nom auquel il est joint : = *Je répète les mêmes choses, que je vous ai dites.* = *Nous avouons nous-mêmes que nous nous sommes trompés.* Mais *même* , étant employé pour *aussi, autant , encore ,* est invariable : = *Les choses même que je vous ai dites me justifient assez.* = *Nous avouerons même que nous nous sommes trompés.*

On connoît que *même* est invariable, lorsque l'on peut mettre *aussi , autant, encore* à sa place : = *Nous avouerons* encore *, aussi que nous nous sommes trompés.*

Quelque chose, employé comme un seul mot, est masculin : = *Il m'a dit quelque chose qui est plaisant.* Souvent on supprime *qui est*, et on met *de* à leur place : = *Il m'a dit quelque chose de plaisant.* Mais , s'il y a un adjectif entre *quelque* et *chose ;* alors , *quelque chose* est
féminin :

féminin : == *J'ai vu quelque belle chose bien réjouissante.*

Il y a des adjectifs qui, placés avant le nom, ont une signification différente de celle qu'ils ont, quand ils sont placés après le nom.

L'air grand indique une physionomie noble; et *le grand air,* les manières des hommes en place.

L'air mauvais est la mine d'un méchant homme; *le mauvais air* est celle d'un homme ignoble.

Un grand homme signifie un homme d'un grand mérite; *un homme grand,* un homme d'une grande taille.

Un homme brave signifie un homme courageux; *un brave homme,* un homme de bien.

Un enfant cruel signifie un enfant qui aime à faire le mal; *un cruel enfant,* un enfant insupportable.

Une chose certaine signifie une chose vraie; *une certaine chose,* une chose indéterminée.

Une voix commune signifie une voix ordinaire; *une commune voix,* unanimement.

Une fausse clef signifie une clef que l'on garde furtivement; *une clef fausse,* celle qui n'est pas propre à la serrure.

Une fausse porte signifie une porte ménagée pour se dérober aux importuns; *une porte fausse,* un simulacre de porte.

Une cruelle femme signifie une femme qui ne se laisse point vaincre par les instances des hommes, ou insupportable par ses importunités; *une femme cruelle* signifie une femme qui cherche à faire le mal.

Une femme sage, c'est une femme vertueuse; *une sage-femme* est une accoucheuse.

Une femme grosse, c'est une femme enceinte; *une grosse femme*, une femme grasse.

Un homme galant, c'est un homme qui cherche à plaire aux dames; *un galant homme* est un homme poli.

Un gentil-homme est un homme d'extraction noble; *un homme gentil* est un homme poli, joli.

Un habit nouveau est un habit d'une nouvelle mode; *un nouvel habit* est un habit différent que celui que l'on vient de quitter.

C'est un pauvre homme, *c'est un pauvre auteur*, désigne des hommes de peu de mérite; *un homme pauvre*, *un auteur pauvre*, des hommes de peu de fortune.

Un homme plaisant est un homme gai, enjoué; *un plaisant homme* est un homme ridicule, bizarre.

Un honnête homme est un homme qui a des mœurs, de la probité; *un homme honnête* est un homme poli.

Les honnêtes gens d'une ville sont ceux qui ont du bien, une réputation intègre; *les gens honnêtes* sont des gens polis.

Furieux, placé après le nom, signifie être en fureur: *un lion furieux*; placé devant le nom, il signifie très-grand et énorme: *un furieux lion*.

Un vilain homme est un homme désagréable par la figure ou par la mal-propreté; *un homme vilain* est un avare.

Les noms de profession d'état, comme *roi*, *philosophe*, *peintre*, *soldat*, *auteur*, *docteur*, *écrivain*, *garant*, *témoin*, *poëte*, &c., employés comme adjectif, n'ont qu'une terminaison pour les deux genres : = *Marie-Thérèse fut un grand roi*. = *Cette femme est un écrivain habile, elle est auteur de plusieurs ouvrages*, &c.

Excepté les suivans, qui se terminent en *trice* au féminin : *accélérateur*, *accompagnateur*, accusateur, acteur, administrateur, admirateur, adorateur, adulateur, ambassadeur, approbateur, bienfaiteur, calomniateur, coadjuteur, conciliateur, conducteur, conservateur, consolateur, contemplateur, corrupteur, curateur, dévastateur, détenteur, directeur, dispensateur, dissipateur, distributeur, donateur, exécuteur, fauteur, fornicateur, fondateur, imitateur, improbateur, improvisateur, inoculateur, instigateur, introducteur, instituteur, inventeur, législateur, libérateur, médiateur, modérateur, observateur, opérateur, persécuteur, perturbateur, protecteur, sénateur, réconciliateur, réformateur, spectateur, réducteur, tentateur, présentateur, testateur, tuteur, violateur, usurpateur, zélateur ; au féminin, accélératrice, accompagnatrice, actrice, &c.

Débiteur fait au féminin *débiteuse*, celle qui débite ; et *débitrice*, celle qui doit ; *procurateur*, *procuratrice* ; *empereur*, *impératrice* ; *autocrate*, *autocratrice*. Il y en a quelques autres qui font leur féminin en *ante* : comme *gouverneur*, *serviteur* ; au féminin, *gouvernante*, *servante*.

Ci-joint, placé devant le nom, s'emploie adverbialement : = *Vous trouverez ci-joint les mémoires, les notes*, &c. Placé après le nom, il en prend le genre et le nombre : = *Je vous prie de remettre la lettre ci-jointe.*

On peut mettre indifféremment *toute sorte* et *toutes sortes*, avec un nom pluriel : = *Un marchand qui a toutes sortes de livres.* = *Toute sorte de livres ne sont pas également bons.* (Ac.) Mais avec un nom singulier, il faut mettre le singulier : = *Je vous souhaite toute sorte de bonheur*, non pas *toutes sortes de bonheur.*

Chacun. Si dans la phrase il n'y a point de pluriel, dont *chacun* fasse la distribution, on emploie *son, sa, ses* : = *Chacun y fait ses affaires.* = *Il faut donner à chacun sa part.* Mais si dans la phrase il y a un pluriel, dont *chacun* fasse la distribution, on emploie *son, sa, ses* ou *leur*, selon la place qu'occupe le régime du verbe.

Si *chacun* est placé après le régime du verbe, on emploie *son, sa, ses* : = *Remettez ces étoffes chacune à sa place.* = *Ils ont tous apporté des offrandes au temple, chacun selon ses moyens et sa dévotion.* (Girard).

Si *chacun* est placé avant le régime du verbe, on emploie *leur* : = *La tragédie et l'épopée ont chacune leur manière particulière d'exposer l'action.* (Art du Poëte). = *Ils ont apporté chacun leur offrande au temple, et ont rempli chacun leur devoir de religion.* (Girard).

Cette dernière construction est une figure de grammaire : *la syllepse.*

Aider, signifiant *secourir*, demande le régime simple : *aider quelqu'un de son bien* ; signifiant secourir un homme trop chargé, il demande *à* : *aidez un peu à ce pauvre homme* ; et quand il est suivi d'un verbe à l'infinitif ou d'un nom de chose : = *Les petites rentes aident à vivre.* = *Aider au bon succès d'une affaire.* Mais étant verbe réfléchi, il régit *de* : = *On s'aide de ce qu'on a.* (Académie).

Aimer, se joint avec *à*, devant l'infinitif des verbes : = *Aimer à jouer, à lire.* Mais si *aimer* est suivi de *mieux*, alors on supprime *à* : = *J'aime mieux lire que de jouer.* On dit faire aimer *de*, en parlant des personnes : = *La modestie fait aimer un jeune homme de tout le monde. Faire aimer à*, en parlant des choses : = *La vertu fait aimer la retraite à l'homme sage.*

Changer, quitter une chose pour une autre, gouverne le régime simple : = *Il a changé tous* šon plan. *Changer,* convertir, régit *en* : = *Il a changé en bien.* *Changer*, verbe neutre, régit *de* : = *Il a changé de conduite.*

Accoutumer, s'accoutumer, être accoutumé, prennent à : = *Il faut bien vous accoutumer à cela,* s'accoutumer au feu.

Avoir coutume, régit *de* : = *Il a coutume de* **sortir.**

Contraindre, forcer, obliger, prennent presque toujours *de* au passif : = *Il fut contraint de se retirer.* Mais, à l'actif, ils prennent *de* ou *à* : = *On le contraignit de faire,* ou à faire, telle chose. (Académie).

Desirer, quand il est suivi d'un verbe à l'infinitif ; l'usage le plus ordinaire est d'y joindre *de* : = *Je desire fort de vous servir.* (Académie).

Echapper, quand il signifie *éviter,* a un régime simple : = *Echapper le danger* (Acad.) *Echapper,* signifiant n'être pas saisi, régit *à* : = *Echapper à la poursuite des ennemis.*

Manquer, accompagné d'une négation, régit *de* et l'infinitif : = *Les malheureux ne manquent jamais de se plaindre ;* sans négation il régit à : = *J'ai manqué à faire ce que je vous avois promis.*

Participer, avoir part, régit *à* : = *Je veux que vous participiez à ma fortune. Participer,* tenir de la nature de quelque chose, régit *de* : = *Un minéral qui participe du vitriol.*

Prier, signifiant inviter à un repas, régit *à* : = *Il est prié à diner pour demain. Prier,* dans tous les autres cas, régit *de* : = *Il vous prie de le prendre sous votre protection.*

Paroître, se dit de tout ce qui tombe sous la vue : = *Les ennemis paroissent.*

Apparoître ne se dit que des substances spirituelles : = *Le Seigneur apparut à Moise.*

Confier régit *à* : on dit *confier quelque chose à quelqu'un. Se confier* régit *en* : on dit *se confier en quelqu'un.*

Délivrer, signifiant livrer, ne peut avoir deux régimes de personnes. On ne dira pas : *délivrer un prisonnier à la gendarmerie.*

Envier se dit des choses, et demande le régime simple : = *On envie des choses. Porter envie* se dit des personnes : = *L'on porte envie aux personnes.* (Académie).

Falloir, dans le sens de *manquer*, ne s'emploie qu'avec *en*, et à la troisième personne du singulier ; quand il est accompagné de *peu*, on met *ne* après le *que* : = *Il s'en falloit peu qu'il n'eût achevé.* (Académie). Mais, quand ce verbe n'a point d'adverbe, ou qu'il est accompagné d'un autre adverbe que *peu*, on peut mettre ou supprimer *ne* : = *Il s'en faut beaucoup que l'un soit du mérite de l'autre.* (Acad.) *Vous dites qu'il s'en faut tant que la somme n'y soit.* (Acad.)

Être obligé ne se dit que des personnes, et jamais des choses : = *Un ami est obligé d'être constant.* On ne dira pas : *l'amitié est obligée d'être constante.*

Plaire, se plaire, veut *à* avant le nom ou l'infinitif qui le suit : = *Il se plait à la campagne.* = *Il se plaît à faire le bien.* Mais *plaire*, pris impersonnellement, régit *de* ou *que* : = *Vous plaît-il d'être de la partie ?* = *Que vous plaît-il que je fasse ?* (Académie).

Présider, verbe neutre, régit *à* : = *Il présidoit à la cérémonie.* Mais *présider*, verbe actif, gouverne le régime simple : = *Présider une assemblée.*

Satisfaire, contenter, gouverne le régime simple : = *Un écolier qui satisfait ses maîtres. Satisfaire*, faire ce qu'on doit, régit *à* : = *Satisfaire à son devoir. Satisfaire*, acquitter, régit *de*: = *J'ai satisfait les créanciers de ma bourse.* (Académie).

Faire souvenir, il faut dire *afin de le faire souvenir*, et non pas *de lui faire souvenir.*

Tâcher prend *à*, quand il signifie *viser à*: = *Il tâche à me nuire.* (Acad.) Mais *tâcher*, faire ses efforts, régit *de*: = *Je tâchetai de vous satisfaire.*

Quand les verbes ont pour régime un nom qui n'a point d'article, comme *avoir faim*, *donner avis*, *donner quittance*, *prendre patience*, ce nom ne peut jamais être séparé du verbe que par un pronom: = *Donnez-moi parole*, *donnez-lui quittance.*

J'ai oublié (page 56, n.° 4), d'y mettre l'exception suivante: les verbes *amender* et *émender* pour les verbes dont l'infinitif est en *ander*; et *épandre* et *répandre* pour ceux dont l'infinitif est en *endre*.

PRINCIPALES RÈGLES

DE

LA VERSIFICATION FRANÇOISE.

La VERSIFICATION est l'art de tourner des vers. Les vers sont des mots arrangés selon certaines règles fixes et déterminées.

Les principales règles de la versification regardent *le nombre de syllabes*, *l'élision*, *l'hiatus*, *la rime*, *la césure* et *les diphtongues* :

1.° *Le nombre des syllabes.* Le nombre des syllabes se prend par rapport à la prononciation, et non pas à l'orthographe. Il y a des vers de *douze*, de *dix*, de *huit*, de *sept*, de *six* et de *cinq syllabes*; il y en a aussi de *quatre*, de *trois* et de *deux syllabes*, et même d'*une*. Ces derniers ne sont admissibles que dans la fable, le conte ou la chanson.

Vers de 5.................... { Dans ces prés fleuris
Qu'arrose la Seine,
Cherchez qui vous mène,
Mes chères brebis.

Vers de 6.................... { A soi-même odieux,
Le sot de tout s'irrite;
En tous lieux il s'évite,
Et se trouve en tous lieux.

Vers de 7.................... { Celui qui des cœurs sensibles
Cherche à devenir vainqueur,
Doit, pour les rendre flexibles,
Consulter son propre cœur.

Vers de 10 et de 8. {
Maître corbeau, sur un arbre perché,
Tenoit en son bec un fromage ;
Maître renard , par l'odeur alléché ,
Lui tint à-peu-près ce langage.
}

Vers de 12........ {
Celui qui met un frein à la fureur des flots ,
Sait aussi des méchans arrêter les complots.
}

Les vers de douze syllabes sont appellés *vers alexandrins* ou *héroïques,* ou simplement *grands vers.*

2.° *L'élision.* Le propre de l'élision est de ne faire entendre qu'une voyelle où il y en a réellement deux : *l'amitié* pour *la amitié , l'amour* pour *le amour, s'il arrive* pour *si il arrive,* &c.

Quand dans le corps des vers un mot est terminé par un *e* muet, et que le mot suivant commence par une voyelle ou une *h* muette , l'*e* muet et la voyelle suivante ne font plus qu'une syllabe :

Tel brille au second rang qui s'éclipse au premier.

L'*e* muet de *brille* et d'*éclipse* ne fait qu'une syllabe avec *au.*

L'*e* muet final , qui ne se prononce point dans la prose , fait toujours une syllabe dans les vers, quand il n'est point suivi d'un mot qui commence par une voyelle ou une *h* muette, et il se prononce.

Concluons qu'ici bas, le seul honneur solide ,
C'est de prendre toujours la vérité pour guide.

De et *dre* font chacun une syllabe; il en est de même quand cet *e* est suivi d'une *s* ou des lettres *nt.*

Fidèles à leur dieu , fidèles à leurs lois ,
C'est l'honneur qui leur parle , ils marchent à sa voix.

Les mots qui finissent par un *e* muet, précédé d'une voyelle , comme *sacrée, Asie, envie, la joie , la proie, la vue,* &c, ne doivent jamais entrer dans le corps du vers , à moins que le mot suivant ne commence par une voyelle. Ainsi, ce vers est mal construit :

> Il avoue sa faute , et demande pardon.

Mais les suivans sont bons :

> Songez que votre vie est la leçon des rois.
> La joie est naturelle aux ames innocentes.

Il faut encore éviter de les employer dans le corps du vers, quand ils sont suivis d'*s* ou *nt*, quoique placés devant une voyelle , parce qu'alors il ne peut y avoir élision ; mais on peut les employer à la fin des vers :

> De tous tems, disoit-il, la vérité sacrée,
> Chez les foibles humains fut d'erreurs entourée.

L'*e* muet , dans le corps d'un mot, étant précédé d'une voyelle , est compté pour rien , ou ne fait qu'une syllabe avec la voyelle qui le précède :

> J'avouerai qu'autrefois, au milieu des armées.

J'avouerai est de trois syllabes.

En général , l'élision donne de l'agrément, de la majesté , et un mouvement plus doux aux vers ; mais il est des occasions où il est sage de l'éviter , parce qu'elle offenseroit l'oreille , c'est lorsque le mot *le* est placé après son verbe :

> Et dans tous vos discours célébrez-*le* à jamais.

3.º *L'hiatus.* Il faut éviter l'hiatus, parce qu'il excite un bâillement désagréable à l'oreille, comme dans ces vers de Pibrac :

> Ne vas au bal , si tu ne veux danser,
> Ni au banquet, si tu ne veux manger,
> Ni à la cour dire ce que tu penses.

Boileau l'a exprimé en ces deux vers :

> Gardez qu'une voyelle , à courir trop hâtée,
> Ne soit d'une voyelle en son chemin heurtée.

La conjonction *et*, suivie d'une voyelle, fait un hiatus, parce que le *t* ne se prononce jamais.

> Qui sert et aime Dieu possède toutes choses.

On peut néanmoins répéter *oui*, avec grâce, dans un vers, ou le mettre à la suite d'une interjection terminée par une voyelle :

> Oui, oui, je veux parler, et ce dessein m'amène.
> Hé ! oui, tant pis, c'est-là ce qui m'afflige.

4.° *La rime.* La rime est le retour du même son dans la terminaison de différens mots, ou des mêmes mots pris dans un sens différent, à la fin de deux vers ; mais non pas le retour des mêmes lettres :

Je dis : 1.° *le retour du même son dans la terminaison de différens mots* ; ainsi, *corps* et *accords* riment, de même que *champs* et *vivans* ; 2.° *ou de mêmes mots pris dans un sens différent* : ainsi, *un page* rimera avec *une page* ; *pas*, adverbe, avec *un pas* ; *point*, adverbe, *avec un point* ; 3.° *non pas le retour des mêmes lettres* : ainsi, *aimer* ne rime pas avec *amer*, ni *Jupiter* avec *résister*, &c.

Observez : 1.° que les mots terminés par une de ces lettres *s*, *z*, *x* ne sauroient rimer avec d'autres mots qui ne seroient point terminés par une de ces lettres : ainsi, *forêt* et *cyprès* ne riment pas, ainsi que *il disoit* et *je faisois*.

2.° Que les verbes ne riment point avec d'autres verbes qui ne seroient point au même tems ou à la même personne ; de là, *disent* et *préconise* ne riment pas, ni *donnât* avec *pardonna*.

3.° Qu'il faut éviter de faire rimer *une syllabe longue avec une brève*, comme *homme* avec *fantôme*, *faîte* et *défaite* ; deux *e*, dont l'un fermé dans un mot et ouvert dans l'autre, comme *fer* et *étouffer* ; deux mots qui ont le même son, mais qui ne sont pas écrits de la même manière, comme *tabouret* et *feroit*.

4.° Que le simple ne rime point avec son composé, lorsqu'ils sont pris tous les deux dans leur sens naturel : ainsi , *battre* ne rime pas avec *combattre* , ni *faire* avec *défaire* , ni *puissant* avec *impuissant* ; mais , si l'un est pris dans le sens naturel , et l'autre dans le figuré , alors la rime est bonne : ainsi , *fait* rime avec *parfait* ; *traits* avec *attraits* ; ou , si le sens naturel de l'un diffère suffisamment du sens naturel de l'autre , alors la rime est bonne : ainsi , *courir* rime avec *secourir.*

5.° Que la rime est défectueuse , lorsque la même consonne , qui précède la voyelle finale , se prononce différemment , comme *l* dans *mouillé* et *révélé.*

6.° Les monosyllabes , quoique commençant par des consonnes différentes , riment ensemble : ainsi , *il ment* rime avec *il sent* , et même avec des mots de plusieurs syllabes : ainsi , *ment* rimera avec *passant* , *combattant* , *enfant* , &c.

La rime est *suffisante* ou *riche.*

La rime suffisante est celle où la dernière voyelle qui se prononce , et ce qui la suit , rendent un même son , comme *capable* et *aimable* , *malade* et *parade.*

La rime riche est celle où la dernière voyelle qui se prononce est encore précédée de lettres semblables , comme *craintive* , *captive* , *venir* , *souvenir.*

La rime riche est toujours préférable à la suffisante.

La rime est ou *masculine* ou *féminine.*

La rime masculine est celle qui est terminée par un autre son que celui de l'*e* muet :

> Hâtons-nous ; le tems fuit et nous traîne avec soi :
> Le moment où je parle est déjà loin de moi.

La rime masculine est bonne , dès que la voyelle qui rime est précédée ou suivie de la même consonne parlante , comme *beauté* , *bonté* , *déserts* , *univers* , *plaisirs* , *zéphyrs.*

Dans les diphtongues *eau, ieu, eu, oi, ui,* on se contente de la plénitude du son , sans se mettre en peine de la consonne précédente, comme *bandeau ,'cerceau ; appui, ennui; voix, explois.* Les monosyllabes ont le même privilège : *jeu, feu; moi, toi; amis, fils.*

La rime féminine est celle qui est terminée par le son de l'*e* muet , soit que l'*e* muet soit seul ou suivi de *s* ou *nt :* il faut que cet *e* soit précédé de la même consonne parlante :

> Le ciel qui , de mes ans, protégeoit la foiblesse ,
> Toujours à des héros confia ma jeunesse.
>
> La joie est naturelle aux ames innocentes ,
> Autant que la tristesse aux ames malfaisantes.

Une rime féminine est bonne, si l'*e* muet étant retranché, il en reste une masculine.

Il y a donc deux sortes de vers , *les vers masculins* et *les vers féminins :* les vers masculins sont ceux qui ne sont point terminés par le son de l'*e* muet; et les féminins sont ceux qui sont terminés par le son de l'*e* muet.

REMARQUE. Les vers féminins ont toujours une syllabe de plus que les masculins : c'est la dernière qui finit par l'*e* muet , et qui ne se compte jamais, dans quelque espèce de vers que ce soit.

La césure. La césure sépare les vers en deux parties, qu'on appelle *hémistiche.*

Boileau en parle ainsi :

> Que toujours dans vos vers, le sens coupant les mots,
> Suspende l'hémistiche, en marque le repos.

Il n'y a que les vers de douze et de dix syllabes qui ayent une césure ; les autres n'en ont point.

La césure des vers de douze syllabes est à la sixième , de sorte qu'elle partage le vers en deux parties égales :

> Ni l'or ni la grandeur ne nous rendent heureux.

Elle se place à la quatrième syllabe, dans ceux de dix syllabes :

D'un joug cruel Dieu sauva nos aïeux.

La seule règle, pour la césure, est de ne pas désunir ce qu'en parlant ou en lisant on ne peut désunir pour prendre quelque repos. Ainsi, elle ne doit jamais se trouver entre l'article, l'adjectif, le pronom possessif et le nom, &c.

Ainsi, les vers suivans sont défectueux :

Iris, dont la beauté—charmante nous attire.
La belle Philis, qui—causa tous nos malheurs.
Le peuple pourra vous — élever aux honneurs.

Les diphtongues qui ne forment qu'une syllabe, sont : 1.º *eau*, *eo*, dans les mots où l'e n'est point accentué, comme dans *bateau*, *geolier*; 2.º *ia*, dans *diable*, *fiacre*, *breviaire*, *galimathias*, *liard*, *familiarité* ; 3.º *ie*, dans *troisième*, *pièce*, *papier*, *premier*, &c., et dans les noms terminés en *tié*, *amitié*, *moitié*, *pitié*, &c.; 4.º *ief*, dans *fief*, *relief*; 5.º *iel*, dans *ciel*, *miel*, *fiel*, *ministériel*; 6.º *ien*, se prononçant comme *bien*, dans les noms, les pronoms possessifs, les verbes et les adverbes : *chrétien*, *bien*, *mien*, *je tiens*, &c., excepté dans *lien*, et à la fin des adjectifs ou des noms qui désignent l'état, la profession ou le pays : *ancien*, *gardien*, *parisien*, &c.; 7.º *ier*, dans les noms *courtier*, &c., excepté quand *ier* sont précédés d'une r: *meurtrier*, &c.; 8.º *ieu*, *ieux*, dans *cieux*, *dieu*, *lieu*, *vieux*, *yeux*, *lieutenant*, *milieu*, *mieux*, *pieu*, *épieu*, *essieux*; mais dans les adjectifs, *ieu* sont dissyllabes : *curieux*, *envieux*, &c.; 9.º *hier* est d'une syllabe ou dissyllabe, mais il est d'une syllabe dans *avant-hier*; 10.º *io*, dans *babiole*, *fiole*, *pioche*; 11.º *oi*, dans *moi*, *toi*, *soi*, *loi*, *roi*, *emploi*, &c.; 12.º *ou*, suivies d'un e muet,

enjouement, *je louerai*, &c. ; 13.º *ui*, dans *lui*,
celui, *déduire*, &c., excepté *ruine*, *ruiner*,
bruine, &c. ; 14.º *oue*, dans *fouet* et *fouetter*;
15.º *ian*, dans *viande*; 16.º *ion*, dans les pre-
mieres personnes du pluriel de l'imparfait de
l'indicatif, du présent du subjonctif et du conditionnel présent, quand il ne se trouve pas une *r*
précédée d'une autre consonne avant la terminaison de ces personnes : *nous aimions*, &c. ;
17.º *oin* n'est jamais que d'une syllabe : *soin*,
besoin, &c.

DE L'ÉNIGME.

L'énigme est un petit ouvrage en vers, où,
sans nommer une chose, on la définit par ses
causes, ses effets et ses propriétés, et dans ses
diverses acceptions, si elle en a plusieurs, en
termes obscurs ou métaphoriques, afin d'exciter
l'esprit à la découvrir; mais, pour qu'elle soit
bonne, il faut que la description en soit exacte,
et telle qu'on ne puisse y appliquer plusieurs
mots différens.

> Je suis enfant de l'art, et je hais l'imposture ;
>   Ami du vrai, je ne sais point flatter:
>   Je rends l'objet d'après nature.
>   Iris aime à me consulter :
> C'est qu'Iris a seize ans et gentille figure.
> Cloris m'aimait, jadis, autant que ses amans,
> Et Cloris aujourd'hui me craint et me déteste :
>   D'où vient ce changement funeste ?
> C'est que Cloris a vu trois fois douze printems.

Explication. — Le mot de cette énigme est Miroir. Il est l'ouvrage de
l'homme, ne ment et ne trompe jamais : il présente la vérité toute nue. Lors
qu'une femme est jeune et jolie, elle aime à se contempler dans son miroir ; il lui
plaît, elle le chérit : il réfléchit si bien les charmes de Vénus ! Mais quand l'âge
a flétri les roses et les lis d'un beau visage, quand sur-tout les rides commencent
à le sillonner, on s'en prend alors au miroir, on l'accuse injustement de n'être plus
fidèle ; il a cessé de plaire, il n'est plus aimé : cependant il est toujours le même.

DU LOGOGRIPHE.

Le logogriphe est une espèce d'énigme à deux
parties : la première est la définition même du

mot entier , à la manière de l'énigme ; l'autre se compose de tous les mots que l'on peut former avec les lettres du mot du logogriphe, dont elle donne séparément la définition. Le mot *tête* y est quelquefois employé pour exprimer la première lettre ; le mot *queue*, pour la dernière ; et les mots *cœur* ou *ventre*, pour celui du milieu.

> En me décomposant, je présente au lecteur
> Un esprit bienheureux 1 ; un métal corrupteur 2 ;
> Ce que cache avec soin la petite - maîtresse 3 ;
> Ce qui, de la nature ennemi furieux,
> Hélas ! porte en son sein la crainte et la détresse 4 ;
> Un grain qu'on ensemence 5 ; un mal contagieux 6 ;
> Un paisible animal 7 ; un monstre imaginaire 8 ;
> Et ce mot qui toujours, malgré ses déplaisirs,
> Et du riche et du pauvre excite les desirs 9.
> A l'œil, à l'odorat, au goût mon *tout* sait plaire.

Le mot de ce logogriphe est ORANGE, où l'on trouve *ange* 1 , *or* 2, *âge* 3, *orage* 4, *orge* 5, *rage* 6, *âne* 7, *ogre* 8, *rang* 9.

DE LA CHARADE.

La charade est une énigme où l'on s'attache à décrire séparément les syllabes d'un mot que l'on propose à deviner ; chaque syllabe doit former un mot complet, dont l'orthographe soit exacte , et ordinairement d'un monosyllabe. Si la charade est composée de trois syllabes , il faut que chacune ou deux d'entre elles forment un mot différent. = Ce qu'on appelle mon *premier*, est la première syllabe du mot ; mon *second*, ou mon *dernier*, est la seconde ; et les deux syllabes réunies sont appellées mon *tout* ou mon *entier*.

> L'hôte des forêts tremble au son de mon *premier* ;
> On est souvent bien vain, quand on est mon *dernier* ;
> Malin renard , jadis, attrapa mon *entier*.

Le mot de cette charade est CORBEAU — COR, instrument de chasse, est mon *premier* ; BEAU, est mon *dernier* ; et CORBEAU est mon *entier*.

FIN.

TABLE.

FIN DE LA TABLE.